AF308355

Andreas Netzler

Würde
– daran will ich dich erkennen

Gedichte

Autor: Andreas Netzler
Umschlaggestaltung, Illustration: Andreas Netzler
Lektorat, Korrektorat: Andreas Netzler

Verlag & Druck:
tredition GmbH
Halenreie 40-44
22359 Hamburg

ISBN: 978-3-347-31308-8 (Paperback)
ISBN: 978-3-347-31182-4 (Hardcover)
ISBN: 978-3-347-31309-5 (e-Book)

Bibliografische Information der Deutschen Nationalbibliothek:
Die Deutsche Nationalbibliothek verzeichnet diese Publikation in der Deutschen Nationalbibliografie; detaillierte bibliografische Daten sind im Internet über http://dnb.d-nb.de abrufbar

Inhalt

Hühner, Füchse, Menschen

So manches Federvieh sieht sich auf einer obersten Sprosse:
„Hier oben bin ich weit weg von denen da unten in der Gosse"
und also plustert es sich auf wie der tollste Hahn
träumt sich gar so schön und groß wie ein Schwan
bis ein anderes Huhn, Fuchs oder Mensch es an der Gurgel fasst
und dem zappelnden Huhn nur noch einen Moment belässt
bevor es niedergedrückt oder gerupft wird oder gar in einen Magen wandert
auch wenn es sich noch so empört – was die Stärkeren nicht hindert
mit ihm wie einem schwachen Huhn zu verfahren
wie nett oder würdig und schön seine Träume auch waren
wobei Menschen bisweilen Fuchs und Huhn gleichen
- also widerstehe, ein wehrloses Huhn übel zu gebrauchen.

Schade – doch so ist es

Sollte ich heulen oder brüllen?
Offen die Schmerzen enthüllen?
Wütend zupacken und Partei ergreifen?
Laut urteilen ohne abzuschweifen?
Weil zu oft ein Mensch dem Nächsten ein gemeiner Köter ist
der eine friedliche Seele aus Egoismus und Machtwahn zerbeißt oder frisst?
Doch ich tobe und heule nicht und bleibe oft still
und sehne mich doch nach der Schönheit der Achtung und Liebe die ich immer will
also verhalte ich mich stumm angesichts der Machtlosigkeit die ich habe
und ärgere mich über mich und die Welt – und das ist schade.

Eitel in sich verloren

Sie konnte sich vom Leben
selbst nicht genug geben
denn sie wollte sich in einer größeren Rolle sehen
irgendwie thronen oder zumindest über anderen stehen
und so begann sie andere über deren Leben zu belehren
um sich die eigene Verlorenheit aus der Seele zu kehren
doch die raus gekehrten Ratschläge wollte kein anderer so recht haben
die waren so appetitlich wie schimmeliges Fallobst für Fliegen und Maden
denn vorlaut stanken sie – sogar bisweilen zu ihrem eigenen Missfallen:
Warum ließen die anderen ihre tollen Ratschläge nur so schnöde verhallen?
Waren denn nicht alle ihre „Hinweise" wichtig und anderen ein Segen?
Waren sie nicht alle erforderlich, entscheidend und überlegen?

Und doch blieb sie dabei andere mit Belehrungen zu plagen:
Ohne diese Selbsterhöhung konnte sie sich nicht ertragen
aber auch dadurch schloss sich ihre innere Wunde nie genug
und so empfand sie das Leben irgendwie als einen Betrug.

Barbaren mit Keulen

Ratschläge können dafür sorgen
dass sich andere irgendwann ebensolche verbalen Keulen borgen
um damit als Antwort gleichermaßen um sich zu schlagen
und wie Seelenbarbaren ihre Ratschläge gefühls-dumm in die Welt zu tragen
um sich als Rat-Schlagende eitel über andere zu erheben
statt sich einsichtig und einfühlsam auf das Verstehen und Lieben zu verlegen.

Sehr nahe am Ideal (R.)

Du bist wie das schönste Gedicht
denn ich bekam nie was Besseres zu Gesicht
an Esprit, Herzlichkeit, Liebe und Verstand
ein Wunder, dass sich durch Dich zu einem Gesamtkunstwerk verband
womit du allen, die dir aufrichtig begegnen, Wärme und Liebe bringst
und wie ein sanfter Ton zärtlich in den Seelen schwingst
wobei du von jenen, die du so reich beschenkst
oft weniger zurück erhältst
weil Ungeduld, Hilflosigkeit und Selbstbezogenheit überall fauchen
- und jene Dich darum doch eigentlich umso mehr brauchen
aber zu schwach sind sich dies einzugestehen
weshalb sie von sich berauscht herrisch oder eitel schnatternd vorüber gehen.

Würde?

Wirtschaft – da sei weniger Raum „als sonst“ für Recht?
Zuviel Teilhabe Schwächerer wäre für die Leistungsstarken schlecht?
Also sollten die Schwachen dienen, verzichten und sich beugen
und den Starken Achtung, Sicherheit und Verehrung bezeugen
damit diese die Lust an höchsten Verdiensten und Vermögen nicht verlieren
eine gleiche Würde aller sei nicht „gut“, weil sonst Starke nicht „erfolgreich“ regieren
zudem wäre der Gehorsam Schwacher durch allgemeinen Wohlstand aufgewogen
selbst Arme hätten in reichen Staaten ein akzeptables Los gezogen
- doch was, wenn eine geringe Achtung Schwächerer ihre Würde verletzt
weil es sie trotz aller ihrer Mühen kaum frei und sicher teilhaben lässt?
Sieht denn niemand die Würde, die in real gleichen Chancen für Schwächere liegt

und das viel Arbeitsleid ohne Ausgleich oft gerade den Schwächsten geschieht?

Als wer?
Man sah es genau:
Toll fand sich diese Frau (oder Mann)
denn im Falle eines Falles
meinte sie, sie wisse und könne fast alles
zumindest besser - denn sie sah sich als das Beste
von dem sie in ihrem Umfeld wusste
denn sie sei immer die Klügste und richtig
und also sei jeder ihrer Ratschläge wichtig
denn stets glaubte sie, sie sei klüger und reifer als andere und verstehe mehr
- vielleicht frage ich sie mal: Als wer?

Schein und Wirklichkeit
Viele Dinge sind nicht, was sie scheinen
und viele Hoffnungen wandeln auf müden Beinen
wie gesellschaftliche „Versprechungen": Wortbruch ist oft ihr Wesen
denn Hoffnungen werden gerne geschürt – und bleiben doch vergebens
denn bei den scheinbar anfangs an alle gleich gut verteilten Karten
zeigen sich rasch verdeckte oder sichtbare Zeichen und Scharten
und so bekommen die einen nur einen minimalen Teilehabe-Vertrag
doch anderen schenkt geerbtes Vermögen oder beste Gen-Ausstattung manch wunderbaren Tag
mögen die mit den schlechten Karten auch schimpfen, trotzen, zynisch lachen oder schweigen
sie werden „vertraglich" fern der Möglichkeiten „gehobener" Klassen bleiben
und wenn sie klug sind, werden sie nicht nutzlos ihre Kräfte verschleißen
sondern sich brav ducken, „die oben" verehren und allenfalls nur kurz um sich beißen.

Begleiter
Engel
wären eigentlich richtig nette und hilfreiche Bengel
würden sie um uns schweben und auf uns aufpassen
und wären sie zuverlässig – dann könnte man sich auf sie verlassen
doch leider sind sie zumeist nicht da, wenn ein Unglück geschieht
oder greifen nicht ein, wenn man Schwache quält oder übersieht
und darum bleiben Engel eine ganz wunderbare Vision
aber die Frage bleibt: Warst du heute anderen ein Engel schon?

Geld und Wert

Was nichts kostet sei nichts wert?
Der Satz ist so dumm wie verkehrt
denn Achtung und Liebe kosten kein Geld:
Geld schenkt nicht die innige Zärtlichkeit und Würde, die eine Seele am Leben erhält.

Gott, Götter

Da kämpft man ein Leben lang
gegen die eigene und anderer Menschen Unzulänglichkeit an
und wird doch täglich von einer neuen oder alten besiegt
weil dies in der Natur des Lebens als immer wieder neuem Versuch liegt
da niemandem etwas wie einem Gott gelingt
dem ein Gedanke und ein Wort reicht, dass er etwas zustande bringt
- wobei angesichts der Unzulänglichkeit in der Welt
auch ein Gott oft wohl wenig Weisheit in Händen hält
was dann aber nicht mehr zum Begriff eines Gottes passt
- weshalb man einen solchen am besten in seiner Welt ruhen lässt.

Armer Wüterich

Sobald sich ein Schatten auf seine /ihre Seele schlich
war Er/Sie ein arger Wüterich
und wenn sich mal ein Widerspruch regte
ward es ein Zorn der seine/ihre Stirn in Falten legte
und Er/Sie sodann begann zu blubbern und zu spucken
Gesicht und Glieder beleidigt zu zucken
zumal wenn man ihn/sie dann auch noch übersah
wurde sein/ihr Gezeter so laut wie klar
garniert von geltungssüchtiger Besserwisserei
gemischt mit Überheblichkeit zu einem ungenießbaren Brei
- doch das hielt Sie/Er für das Recht einer überragenden Begabung
war es auch nur dümmliche Eitelkeit und Erregung
so unbeherrscht wie unkontrolliert
und wie eine Rotznase verschmiert
- aber Sie/Er hielt sich für etwas, dem kaum jemand glich
und richtig: Sie/Er ward ein armer Wüterich.

Habe ich dir das schon mal gesagt?

Es zählt zu den besten und schönsten Erfahrungen Dich zu begleiten
denn Du verstehst es Anderen wunderbare Momente zu bereiten
durch Deine liebe-fürsorgliche Art und stille Freundlichkeit
voller Weitsicht, Achtung, Einfühlsam- und Aufmerksamkeit
weil du deine klare Linie der Liebe nie verlässt
was wunderbar zu Deiner sanften Geradlinigkeit passt
und so haben manche durch Dich Größeres gewagt
ohne Dich wären sie an mancher Herausforderung verzagt
auch wenn sie das nicht immer klarsehen:
Du hast ihnen Wunderbares gegeben
- das sei eine schwülstige Lobesrede
die man besser in einen Papierkorb lege?
Hast du denn den Anspruch an dich selbst schon so weit verloren
und willst darum von einem schönen Menschen nichts mehr hören?

Freiheit und Gerechtigkeit

Freiheit ist die Möglichkeit
        sein Leben nach seinen Interessen zu gestalten
- doch damit braucht die Freiheit die Gerechtigkeit
        um andere nicht gegen deren Freiheit gefangen zu halten
womit das eine nur mit dem anderen denkbar ist
        soweit man ein denkend handelndes Wesen sein will
was leider so mancher mit dem dummen Gerede von der „Freiheit oder
Gerechtigkeit" vergisst:
        Irgendein politischer Dummkopf ist nie still.

Regen

Du fühlst und sagst
dass du missachtet wirst obwohl du dich plagst?
Denn für dich bliebe zu wenig Achtung, Zärtlichkeit, Ansehen und Geld
und dass dir das alles gar nicht gefällt!
Dann sei willkommen im wahren Leben:
Da stehst du oft im Regen.

Tierisch

Ist der Mensch auch nicht mehr wie ein Affe behaart
so hat sich doch so manche/r gerne selbst animalisch bejaht
und voll Eitelkeit und Machtstreben wie ein Affe andere um sich geschart

wie auch sich gerne hier und da lustvoll für sein Geltungsbedürfnis gepaart
weil es nun mal im Buch des animalischen Lebens stehe
dass man als Mensch mit sich und anderen auch etwas tierisch umgehe
- was stimmt, wenn man sich vorrangig als Affe oder Affin sieht
und sich auf eine Stufe mit grunzenden Zeitgenossen begibt.

Ankunft

Welches Zimmer deiner Seele
ich auch finde und wähle:
Ein jedes ist wunderbar möbliert
dass es den Eintretenden erfreut und beehrt
weil du dich wie ein Geschenk öffnest
und nichts mit kleiner Münze berechnest
- du meinst: Es gibt nicht viele Menschen von denen man dies sagen kann?
Aber es gibt sie – und begegnet man ihnen, so kommt man in sich selbst voll Frieden an.

Gelebte Würde

Wer Liebe schenkt
und Ärger senkt
und andere möglichst wenig kränkt
damit er vieles zum Guten lenkt
und eine Seele sanft erhält
damit Sie nicht strauchelt und fällt
verletzt durch scheinbar kleine Tritte
und doch oft unsichtbar tiefe Schnitte
- wer also sieht, welche Dinge eine Seele plagen
die sie drücken und schwer beladen
der weiß, wie man andere wahrlich beschenkt
- was leider oft zu wenig gelingt.

Blöde beglückt

Ist das Mitgefühl erst mal dahin
ist dies auch der Grausamkeit Beginn
und da die Marktwirtschaft sich am Mitgefühl wenig stört und damit manches zerstört
sobald den Menschen sein Gewinn und Kapital besonders betört
macht die Marktwirtschaft auch nur da einen Sinn
wo sie das Mitgefühl entgegen ihren Zielen pflegt – sonst geht ihr Sinn dahin
- so hofft es zumindest der noch nicht Herz-amputierte Zeitgenosse
landen auch derartige Hoffnungen auf ein marktliches Mitgefühl oft in der Gosse

weil die Marktwirtschaft den eigenen Gewinn vergöttert und andere dafür runter drückt
von einer angeblichen „Wettbewerbs-Automatik zum Wohle aller" blöde beglückt.

Jäger
Die Wucht des Lebens und der Triebe:
So manchem und mancher fehlt die Kraft für all das Gestrampel und Geschiebe
und so bleiben sie stehen, um nicht umzufallen
oder fast zu ersticken an all dem bitteren Wogen und Wallen
- also wenn dich manchmal die Kraft verlässt - ich kann dich verstehen
denn der Himmel ist taub, gleichgültig und blöde – doch du sollst weiter aufrecht gehen
und dafür musst du auch mit schönen Visionen spielen
um wie ein Jäger auf alle Gemeinheiten und Unzulänglichkeiten zu zielen
auch wenn das nur in der Fantasie geschieht
mit der man aber Gutes und Friedliches oft besser als real gegeben sieht.

Visionen
„Wer Visionen hat der gehe zum Arzt"
doch dieser Spruch ist so dumm und klebrig wie Baum-Harz
denn wir brauchen Visionen, um ethische Ideale als angemessene Leitbilder zu verstehen
und aufrecht durch alle Unzulänglichkeiten auf ein besseres Leben zuzugehen
weshalb es gut ist, nicht auf modische Sprüche von Problem-Ausweichlern hereinzufallen
in denen ihre Eitelkeiten, Egoismen oder Unfähigkeiten widerhallen.

Wein
Dich bedrängen Klagen und Gewimmer?
Denn die Welt ist schlimm und wird noch schlimmer?
Und kein Gott hört dir zu und springt dir bei?
Nicht nur dem Himmel ist die Erde ziemlich einerlei?
Denn Gott und Götter sonnen sich nur in fernen und alten Geschichten
die von irgendwelchen Rettungen – oder Einbildungen - berichten?
Na dann probiere es mal mit Liebe und Lachen
denn ohne das ist kaum etwas Gutes zu machen
möchtest du deine Seele munter – gar gesund - erhalten
wo viele Handlanger für wenige Mächtige wirken und walten
- also willst du das Land der Liebe, Lust und Freude sichten
so komm, dass wir uns lieben und ein Fläschchen Wein vernichten.

Nicht gelungene Befreiung
Du hattest der Griesgrämigen lange zugehört und zugesehen
und so wollte dir deine freundliche Laune auch schon vergehen
so mürrisch, giftig und abweisend war sie anzuschauen:
Was konnte ihr nur so die Laune versauen?
Denn ihre Mimik sah aus
als sei sie stets gefangen in einem üblen Graus
- doch das tat sie es nur, um sich durch „dramatische Leiden" eitel aufzublähen
um durch ihren Kampf dagegen „geadelt" und beachtet durch den Tag zu gehen
aber du lächeltest ihr zu ohne Beachtung ihrer stolzierenden Bitterkeit
darum drehte sie sich beleidigt ab: Du hattest zu wenig Applaus für die sie erhöhende
Leidensfähigkeit.

Gewinner im Wettbewerb um den dümmsten Spruch
Jede(r) sei seines Glückes Schmied:
Der Spruch ist so dumm wie beliebt
denn niemand schmiedet oder sucht sich seine Gene, Eltern und Umgebung aus
und dennoch findet dieser Spruch der Herrschenden und törichten Knechte gerne Applaus
weil er die Rücksichtslosigkeit gegenüber Schwächeren legalisiert und zementiert
damit die Gleichgültigkeit auch weiterhin funktioniert.

Kennst du auch solche?
Sein Hund darf noch schnell eine Maus zerbeißen
ihre Katze ein Vögelchen spielerisch zerreißen
der Mann oder die Frau noch eine verletzende Zurechtweisung wagen
oder mit Launen und stummer Verachtung einen anderen plagen
um sich selber als etwas Großes zu projizieren
in Überheblichkeit zu suhlen und sich auf das Feinste zu stilisieren
um die Menschheit in Große und Kleine einzuteilen
und sich selbst zu den Besten und Fähigsten einzureihen
- was insoweit ja durchaus stimmt
wenn man nur sich selber sieht und kennt -
um sich ungeniert wie eine gepuderte Wildsau zu gebären
pfauisch zu stolzieren und sich erhaben lackiert zu präsentieren
um sich abzuheben und ach so interessant zu parlieren
und sich selbst zum Besten zu küren
denn man möchte überragend und geistvoll erscheinen
liegt das Leistungsfähigste auch nur in Rechthaberei oder zwischen den Beinen
voll des Problems, anderen echte Achtung zu zeigen

denn Mitgefühl erscheint so manchen wie ein Verneigen
was sie erschreckt, weil ihre Seelen klein und zitterig sind
so dass sie fürchten, das im Mitgefühl ihre Größe entschwind'
- übertrieben sei dies? Menschen seien nicht so wie ich meine?
Kennst du wirklich keine?

Eigenverantwortung
Wo das Schicksal einen Menschen mit Schwächen, Verletzlichkeit und Trieben ausstattet
ist es gut, wenn man so manchem Menschen nicht zu viel „Schuld" anlastet
sondern das aus eigener Kraft noch Veränderbare geduldig sucht und sieht
- auch wenn das Ergebnis einer solchen Suche kummervoll ausgeht -
weil das mit der vollen Eigenverantwortung sich oft als naive Fiktion oder Ausrede erweist
wo täglich mangelnde Kraft, Gestaltbarkeit und Geringachtung uns lähmt und an uns reißt.

Diener-Gesellschaft
Was Leib und Seele bei Laune hält
sind nette Menschen, Achtung und Geld
wonach es aber in der Welt für viele nicht aussieht
weswegen so manche(r) in eine Fantasiewelt flieht
damit in ihm nicht unablässig Wut und Frustration toben
während die Mächtigen die Justiz, Polizei und Politiker loben
die ihnen überall gegen Geld und etwas Achtung willig dienen
damit sich die anderen „außen-unten" halten - bis sie sich stumm zurückziehen.

Entmachtete Regierungen
Die Großkapitalisten mit ihren Politikern und lockendem Geld
sind Personen, denen die Rolle der Volksbelehrer – laut oder leise - besonders gefällt
weil sie gerne von ihrer Freiheit und anderer Leute Pflichten schwadronieren
und mit Heerscharen bezahlter Handlanger herrschen, sich abschotten und zieren
bei Steuern und Recht mit Tricks gerne etwas in aller Stille verbiegen und bescheißen
und Schwächeren möglichst nur absolut notwendige Häppchen hinschmeißen
wobei sie das Helfen und Dienen ihrerseits für Schwächere gerne vergessen
den Gehorsam aber von Schwächeren erwarten und diese daran messen
- und doch bist du immer wieder überrascht, dass das schon so lange so geht?
Obwohl in vernünftigsten Schriften viel Kluges über eine gleiche Würde und Achtung steht?
Dass, so sagen die Kapital-Herrscher, sei aber nur ein Rechtsideal
und auch nur eines von mehreren an der Zahl
also könntest du ja gerne daran glauben
während sie weiter privilegiert für sich „freiheitlich" deine Kraft absaugen

denn das sei notwendig, sonst drehe sich auch deine Welt nicht gut weiter:
Das Kapital ist eben flüchtig – und das macht Kapitalisten mächtig und heiter
denn wenn man sie nicht besonders pflege, belohne und achte
laufen sie davon – was dich Schwachen dann noch schwächer mache
- und richtig, dass ist ihre Macht in einer globalisierten Welt
die Kapitalisten darum besonders gut gefällt
weil es jede nationale Regierung zuverlässig entmachtet
die danach strebt, dass sie Gerechtigkeit achtet.

Trügerische Begriffe

Ist als Untergebener zu dienen die dir zugeschriebene Rolle?
Hat dich also ein Vermögender mit seiner Geldmacht in seiner Kralle?
Kann er dich wirtschaftlich strangulieren, wenn du dich nicht beugst?
Wenn du einen guten Anteil willst und das nicht mal bereust?
Dann bist du in der Marktwirtschaft angekommen
Chancengleichheit? Das wird von Geld-Mächtigen und Vasallen in Reden zusammen
gesponnen
und dann schwadronieren sie auch über eine „Leistungs-" statt Arbeitsgerechtigkeit
denn die Würde wollen sie nicht achten: Also deine Interessen, Erfüllung und dein
Arbeitsleid.

Übliche Verteilung

Der Traum von einem anderen Leben
geht – zumal man nur das eine hat – sicher daneben
und so verrinnt das eine Leben für viele Menschen ganz unten und wenige oben
denn die Mehrheit der Schwächeren wird runter gedrückt und runtergezogen
und die Folgen? Wer es nicht mehr erträgt
ziehe sich bitte „verständnisvoll" oder verbittert zurück, verkümmert und vergeht
während die Begünstigten sich hinter sicheren Mauern tummeln in ihrem bunten Garten
bedient von Untergebenen – die können ja auf ein anderes, besseres Leben warten.

Schlechtes „gutes" Recht

So mancher benutzt Schwächere voll Gleichgültigkeit für wenig Geld
weil es dem Egoismus guttut, wenn man sich andere als Abhängige hält
und man möchte nicht tauschen - weil ein solcher Rollentausch doch entehrt
sobald man die eigene Sicherheit und „gehobene" Stellung entbehrt
denn schließlich sei einem das „zu Recht" durch Erbschaft, glückliche Umstände und gute
Gene gegeben

sollen die anderen und wohl von Natur aus Faulen oder Schwächeren doch weiter
„unten" leben
zudem liege auf einem gleicheren Geld und Vermögen kein Segen
zu viele würden sich dann als Wohlhabende auf eine „faule Haut" legen
- so posaunen es so manche „Christen" und „Leitfiguren" hinaus in die Welt:
Damit man die Ungleichheit und Geringachtung Schwächerer für „gutes Recht" hält.

Frühes Ereignis
Wenn das Schicksal schon auf Kinder reichlich Kloake scheißt
passiert es leicht, dass eine Wut wächst und ein Leben entgleist
weil es zu wenig Gutes und Schönes bringt
womit so ein Leben nie recht gelingt.

Kultur
Du hast nicht viel zu lachen?
Und du kannst dagegen wenig machen?
Denn du wirst übersehen oder geringgeachtet?
Doch reichlich mit Pflichten und Gehorsam befrachtet?
Aber nach oben mit viel Ansehen, Macht und Geld wirst du nie kommen?
Da haben andere schon mit reichem Erbe oder mehr Begabung Platz genommen?
Und wenn schon für dich keine Chance wirksam ist:
Ist es da nicht besser, wenn du wenigstens immer freundlich bist?
Denn die Oberen und Mächtigen mögen es so: Das sei dir angemessen
als Untergebener solltest du dein Lächeln und die Bücklinge nicht vergessen
weil dies dein einziger Weg zu ihrer kurzen Anerkennung ist
da du auf einer Stufe weit unter ihnen bist
- das sei keine Anpassung die dir gefällt?
Besser als nichts – sonst wird dir die Seele noch mehr eingedellt
doch du hast recht: Das sind die Sitten der Vergangenheit
heute leben wir eigentlich in einer viel achtungsvolleren Zeit
und kaum jemand blickt noch auf den Anderen herunter
zumindest äußerlich – innerlich sind die alten Rituale weiterhin munter.

Geduldet
Hast du nie erfahren - oder schon vergessen - wie es ist
wenn du unten und dazu noch arm und gering geachtet bist?
Wenn du am Rande und irgendwie „draußen" stehst
nicht zu den Schönen, Klugen oder zumindest Reichen gehörst?
Wenn du auch Weniges noch dem Tag abringen musst

und jeden Monat bei der Bank fast in den Miesen bist?
Wenn die Vermögenden dich an Krumen teilhaben lassen
und dafür ganz ungeniert nach deiner Lebenskraft fassen?
Wenn sie dich wie einen Infizierten nicht in ihre Kreise aufnehmen
und wie einen Verseuchten dich bei Seite schieben und ablehnen?
Wenn selbst die Töchter und Söhne nur ihresgleichen suchen
also Reiche, um nur nichts von ihrem ererbten Konto abzubuchen
wobei die reich Beerbten gerne über Chancengleichheit und Freiheit schwadronieren
und sich dabei nicht im Geringsten genieren
wenn sie dir zeigen, wie gesellschaftliche Geringschätzung funktioniert
weil dir keine wirkliche Achtung außer jener des des fehlenden Geldes gebührt
damit die Unteren weiterhin dienend und schuftend unten bleiben
und sich stumm unter ihrem scheinbaren Versagen neigen?
Doch du weißt oder ahnst immer noch wie es ist
gleichwertig und geachtet zu sein - auch wenn du es selbst schon manchmal vergisst?
Und wie oft erzählen dir ihre Diener, du solltest deine Untertanentreue mehr annehmen
dich mehr fügen, dulden, ducken und hinnehmen
dass der Mensch den Menschen doch achte und nicht niederdrücke
denn Neid, Habgier und Gleichgültigkeit sei nichts das entzücke
auch wenn das von dir mehr Duldung und Fügsamkeit verlangt
weil man dich sonst noch weiter an den Rand abdrängt
da einer kleinen Gruppe die entscheidende Macht des Kapitals gehört
und die Volksvertreterschar gerne auf die Macht des Geldes schwört
denn das Vermögen adelt Menschen und Ärmere sind einerlei oder stören dabei
und Mitgefühl und Chancengleichheit? Das sei doch sentimentaler oder neidischer Brei.

Politik ist nicht alles
Es gibt zu viel Leid, Resignation und Gewimmer?
Vieles ist brutal, achtlos oder noch schlimmer?
Also willst du herausschreien:
„Helft – seht doch wie viele leiden!"
Doch keiner hört dir wirklich zu
denn viele suchen – oft hilflos - nur ihre Ruh'?
Und nur durch Vergessen sei vieles zu ertragen
denn zu viele seien geübt, zu Gunsten der Privilegierten zu versagen
damit den gehobenen Schichten ihre nette Ruhe bleibe
und sich das Angesicht der Niedergedrückten nicht allzu belastend zeige?
Du hast recht – und doch wirst du es aushalten und bleiben
also lache, singe und liebe trotz alledem – musst du auch manchmal schweigen.

Gott – wo?

Du sagst: Nur ein Gott sei vollendet?
Aber die Erde ist es nicht?
Und doch habe sich ein Gott der Erde zugewendet
mit einer nur nicht sichtbaren Präsenz aus Schatten und Licht
denn ein Gott wäre real
man solle sich darum beugen vor so einem Mächtigen
und bestimmt sähe er jeden einzelnen trotz unserer großen Zahl
und er belohne uns mit ewigem Leben für unseren Glauben an ihn als den Richtigen
und darum übe man sich in Gottesverehrung
denn das sei keine berechnende gläubige Prostitution
denn ein Glaube reiche einem Gott als Zustimmung
und sich gehorsam zu beugen gehöre ja sowieso zu der Erde Fron und Hohn
und man müsse auch keinen besseren Gott erfinden
denn das stehe nicht in unserer Macht
auch wenn Unrecht und Krankheit hunderte Millionen Menschen übel zerbrechen
denn ein Gott sei bestimmt irgendwann liebend sanft und sacht
- so höre ich dich reden
und frage mich: Ist es Lebensschmerz, Verzweiflung, Kummer oder dumme Eitelkeit
doch ich will es nicht entscheiden:
Eine Hoffnung auf einen Gott ist für eine feine Seele oft eine letzte Möglichkeit.

In sich ruhen

Viele haben an den Türen der Welt gerüttelt
gepocht und gerufen – doch die Welt hat sie abgeschüttelt
und das innigste Wünschen und Flehen blieb unerhört
unzählige Leben wurden durch Gleichgültigkeit zerstört
und so zerrannen sie vor den geschlossenen Toren der Welt
wie Hingeworfene, bis Erde über sie fällt
und doch hoffen viele, eine Tür würde sich ihnen zuletzt doch noch auftun
denn auf Erden konnten sie weder ein rechtes Leben finden noch in sich ruh'n.

Bitte mehr Zierde

Vertuschendes Geschwätz
dazu verbales Gesülze und Gewäsch
und reichlich herum gespritzte Wörtergülle
statt Achtung der Würde und weise zuhörender Stille
das Ganze überzogen mit eitlem Schaum
und gut verstecktem hohlen Gedankenraum

angereichert mit überheblichem Grinsen
die eigene Ratlosigkeit nie weggeräumte alte Binsen
verbunden mit einem bisweilen theatralisch falschen Dank
voller selbstgefälligem Gestank
und einer flüchtigen verbalen Anerkennung
für Untergebene - im Dienste betäubender Verblendung
während es den Würdevollen drängt zu kotzen
oder einmal befreit auf all das Gehabe zu rotzen
während die Hofhunde des Großkapitals bellen und beißen
um für ihre Damen und Herrn Hosenbeine zu zerreißen
damit diese sich weiter an ihrem schlechten Komödienstadel laben
denn wie täglich auf ihrer Bauernbühne haben:
So funktioniert die Politik der mächtigen Kapitalisten mit ihren Helfern oft
während der Gerechtigkeitssuchende auf Besserung hofft
denn jeder hat die gleiche Würde
- wann wird das für die so manche Reiche zu einer sie auszeichnenden Zierde?

Hübsche Welt mit Türstehern

Anderen die Marktwirtschaft als „gerecht" vorzugeben
und ihnen damit die Achtung ihrer Interessen zu nehmen
ist beliebt - um eine moderne Diener-Gesellschaft aufzubauen
denn sonst würden die Schwächeren die hingeworfenen Brocken kaum verdauen
was erfordert, im Namen von „Leistungsgerechtigkeit" gegenüber diesen zu schwadronieren
damit sie aufgrund ihrer geringeren Möglichkeiten widerspruchslos ihre Teilhabe verlieren
weil sie das sonst nicht als „Pech" irgendwie akzeptieren
auch wenn die da unten angstvoll oder kummervoll seelisch häufiger frieren
denn ansonsten rennen sie nicht weiter in ihrem Mäuse-Rad
und glauben nicht mehr, dass dies das für sie würdige Zuhause ward
- denn das ist die normale Niedertracht vieler mit Geld- und Vermögens-Macht:
Dass es ihnen und ihren Torstehern eine hübsche Welt erhält und erschafft.

Festhalten

Elend ist für viele die Welt
so dass man sich und manch anderer einem wenig gefällt
weil eine reale oder zugeteilte Schwäche einen nicht frei atmen lässt
man gedrückt und kaum beachtet glaubt, dass man zu viel verpasst
und weder Kopf oder Körper wechseln kann
unausweichlich gefangen von einem unguten Bann
aber an Wünschen reich und von ihnen doch niemals satt
die Seele eingerissen und doch das Gesicht oberflächlich ruhig und glatt

während sich das Herz an mächtigen Visionen schwindelig dreht
dass man den Druck nicht mehr spürt unter dem man sich bewegt
stets in einem Kreis an Ketten der Unzulänglichkeit
und einer wie Säure brennenden Verlorenheit
und mit oft zu wenig Kraft um liebend zu bestehen
ohne sich nicht enttäuscht abzudrehen
- so treibt es so manche/r durch die Welt
in der man sich selbst und andere oft zu wenig sanft festhält.

Geträumter Gott

Gott ist immer eine Fiktion
ein Herrschaftsinstrument oder ein Ideal gegen Gleichgültigkeit und Hohn
gewachsen aus Machtgelüsten, Antwortlosigkeit oder leeren Händen
vermag er auch kein Unglück abzuwenden oder Sehnen zu beenden
so dient er doch treu als Zuchtmittel, Zufluchtsstätte oder Ideal
zur Linderung oder Nutzung mancher Qual
für Eitelkeiten oder gegen Gleichgültigkeit und Tatenlosigkeit
wie eine leere Fläche mit Fantasien gefüllt durch eine ersehnte Ewigkeit
im günstigsten Fall ein Sinnbild für Gerechtigkeit, Liebe und Edelmut
wem das Leben zu viel Enttäuschung und Schmerzen auflud
- und darum wird diese Fiktion immer wieder aufleben
um sich wie ein Kokon schützend oder hoffend um die Tage zu legen.

Sichere Posten

Wenn ein(e) Politiker(in) das Volk nicht mehr mit Schweigen täuschen kann
weil die Menschen erkennen was sie sehen – was tut sie / er dann?
Dann denkt er oder sie sich neue Leitbilder aus
redet von Disziplin in der Hoffnung auf der Herrschenden und Verängstigten Applaus
bis die Schwachen alle Schuld an der Ungleichheit und dem Kummer bei sich suchen
während die Mächtigen nach mehr Achtung für sich – nicht für Schwächere - rufen
womit – so ganz nebenbei - die bisherigen Machtstrukturen wieder gefestigt sind
was auch manchen Politikern einen sicheren Posten bringt.

„Wettstreit" der Kollegen/innen

Etliche sind wie Quallen und nun endlich gestrandet
        und so manche bissigen Mücken sind nun platt
und einige Giftspinnen sind fast an sich selbst verendet
        oder wie Giftschlangen in der Kälte schläfrig und matt
- so siehst du heute mach weibliche und männliche Kollegen

und die Arbeit geht dir besser von der Hand
denn all die Exemplare können dich jetzt nicht mehr aufregen
        laufen sie doch mit ihrem Egoismus und ihrer Überheblichkeit gegen eine Wand
- was du aber nur erhoffst, denn es wird sich real nicht ergeben
        und sie werden dir weiterhin Stolperfallen stellen
denn manche sind wie Katzen mit sieben Leben
        wenn es gilt, sich in einem günstigen Licht „erhaben" zu erhellen.

Dein Weg

Wäre ich Du müsste ich mir die Haare raufen
rennen, saufen oder wütend schnaufen
denn so aggressiv, egoistisch und krätzig wie du bist
hilft keine Geduld, keine Liebe und keine List
und ich sollte besser vor mir selbst weglaufen
oder gut versteckende Masken kaufen
- womit ich mein Glück preise, dass ich nicht Du bin:
So gehe bitte ohne mich deines Weges dahin.

Markt und Würde

Du kannst dein Leben nach deinen Interessen gestalten
jedoch musst du dafür die nötigen Güter in Händen halten
denn fast jede Freiheit braucht äußere Güter und dazu des Gelds Macht
sonst ist das Leben vorrangig für Markt-Mächtige und reiche Erben gemacht
während sich für Schwächere die „Leistungsgerechtigkeit" zum Ausschluss wandelt
denn ihre „gleiche" Würde und Achtung wird auf dem Marktplatz wie Ramsch verhandelt
wo die Wirtschaftsstarken lauthals von „Leistungsgerechtigkeit" reden
um den Schwächeren keine gleiche Würde und Achtung zu geben
begleitet von hohlem Marktgeschrei: Jeder der sich mühe hätte die gleichen Möglichkeiten
die dann leider vielen mangels ererbtem Vermögen oder falschen Eltern und Genen
entgleiten
- denn es zählt nicht die Würde und das Arbeitsleid, sondern die Macht am Markt
die schon immer alles anders als chancengleich verteilt ward.

Wie viel braucht man?

Wie viel braucht man um zufrieden zu werden
in einem Leben auf Erden?
Wie viel an Liebe und Nähe?
An Freundlichkeit und Wärme?
An Sinnlichkeit und Einfühlsamkeit

Achtung, Gerechtigkeit und Aufmerksamkeit
wie auch Hingabe und Bescheidenheit
Zuwendung und Geborgenheit?
Und wie oft kommt stattdessen eine Resignation
durch eine Gleichgültigkeit, Geringachtung oder Hohn als Lohn?

Angekommen

Wann ist man mit dem Herzen angekommen?
Wann hast du dich - und andere – angenommen?
Erst wenn dein Ehrgeiz brausende Bestätigung findet?
Wenn dein Kapital andere Menschen an dich bindet?
Oder du die Macht hast, Ansehen von anderen zu verlangen?
Wenn andere dir nur widersprechen mit Bangen?
Oder wenn deine Kommentare für bare Münze genommen werden?
Wenn du meinst du wärst so recht erhaben auf Erden?
Oder bist du angekommen, wenn andere freudiger leben?
Weil du Herzen öffnest, damit Menschen die Welt freundlicher sehen?
Und weil du andere bestärkst in ihrer Zuversicht und Liebe
und sie weniger gedrückt sind in des Alltags herum-Geschiebe?
Wie weit bist du also in dir angekommen
und hast dich und andere mit Schönheit mitgenommen?

Systematisch

Was dich hält?
Manchmal nur ein Hoffen auf eine bessere Welt
in der nicht jeden Tag eine Niedertracht erwacht
und aus Menschen durch Missachtung Leidende macht
weil Geringachtung und Gleichgültigkeit zum System mancher Herrschenden gehört
damit die gleiche Würde aller Menschen die Stärksten am wenigsten stört.

Wofür

Es ist mal wieder so ein Morgen
mit der Frage: Wofür erträgt man all den Druck, Dreck und die Sorgen?
Denn warum müssen so viele so herzlos handeln und denken?
Warum wollen sie mit Arroganz und Seelenkälte andere einschränken?
Sollten sie ihre Seelen nicht mal gründlich in eine Sauna setzen
um ihren Egoismus, ihre Selbstherrlichkeit und Herzens-Dummheit auszuschwitzen?
Du meinst das klappt nicht - denn davon können viele nicht lassen
weil sie sonst vor sich selbst erschrecken und verblassen?

Denn ihre Herzen sind zu klein, um ohne Selbstherrlichkeit zu pulsieren?
Es ist wohl nicht zu ändern: Viele werden stets an sich fast verzagen oder gar frieren.

Frost

In einer lebenslangen Falle sitzt so mancher Mensch
gefesselt an seine Gene und Erziehung – also läuft es nicht nach Wunsch
denn man ist der Geringachtung ausgeliefert – und so schwindet der Mut
ohne Vermögen, ertragreiche Beziehungen oder Fähigkeiten – dafür wächst die Wut
zumal wenn die Geld-Erhabenen einen „geschäftlich-angemessen" übergehen
oder gleich planvoll-aufmerksam achtlos übersehen
hier und da mal gnadenvoll etwas Mitgefühl zeigen
um im Grunde wegsehend in ihrer eigenen Welt zu bleiben
- dann wissen alle, dass die Macht des Geldes regiert
damit in der Gleichgültigkeit jede Gegenwehr der Schwächeren erfriert.

Wird dir da nicht schlecht?

Sehe dich um: Wie viele erweisen sich als mitleidlos und kalt
und machen vor keiner Erniedrigung Schwächerer halt?
Wie viele verstecken sich hinter Prinzipien die abstrakt genug bleiben
um aus Menschen Funktionen zu machen und sie in einem Räderwerk zu zerreiben
zu ihren Diensten - bis die Erniedrigten glauben, dass dies das Normale sei
zu oft nur als Diener benutzt und den Beherrschern im Grunde einerlei?
Das sei für den Gesamtgewinn „der ganzen" Gesellschaft recht?
Wird dir nicht mal bei so einer Ausrede richtig schlecht?

Lebensziele

Alle folgen materiellen Zielen
und es reichte eigentlich auch für die Vielen
doch stattdessen verdrängen einige Wenige mit ihrem Reichtum andere Viele
denn für sie sind Protz, Selbstüberhöhung und Überheblichkeit die wichtigsten Ziele
und so seufzt du still die berechtigte Klage:
Viele – auch unterwürfige Politiker – haben im Herzen die Einsichtsfähigkeit einer Made.

Tierisch

Der Marktwirtschaft unsichtbare Hand
schafft von Mensch zu Mensch kein feines Band
denn das große Ich steht am Markt im Vordergrund
und reibt als gewerbliche Egomanie alles Herzliche mit Renditen mürbe und wund

damit Schwächere mit möglichst wenig Geld und Vermögen unten bleiben
konsumieren und sich ansonsten bescheiden, dienen und schweigen
und glauben, dass dies in „der Natur" vernünftigen Zusammenlebens liegt:
Der Markt als Moralersatz – damit das Tierische mit Macht regiert
denn auch die Ausnutzung von Schwäche gehört zum Markt
auch wenn so manche/r diesen Sachverhalt gerne wie Schmutz verscharrt.

Ökonomieprofessoren und ihr Honig
Über Allokation vermag die Ökonomie viel zu reden
hinsichtlich der Einkommensverteilung steht sie aber oft stumm im Regen
redet viel von vollkommener Konkurrenz mit gleichem Marktwissen und gleicher Macht
von perfekten Märkten mit gleichen Startchancen – ein Blödsinn, über den man besser lacht
weil es Probleme theoretisch weg definiert während das Publikum staunt und stiert
wie eine erdachte Welt in Modellen angeblich funktioniert
- und die Welt hört den träumenden Predigern geduldig zu
und findet dabei doch weder Frieden, Achtung, Gerechtigkeit noch Ruh'
denn die ökonomischen Illusionisten erzählen nur eine Hälfte vom Stück
und hoffen, aus ihren Glaubenssätzen erwachse durch Vergessen reales Glück
da sie es vermeiden, über störende Armut und einseitigen Reichtum nachzudenken
um nicht ihre Wahrnehmung entsprechend der Realität und Würde Schwächerer einzurenken
weil es so einfach ist, sich tief vor Renditen und Kapital zu verbeugen
und dabei die Achtung vor schwächeren Menschen zu verleugnen
denn die hätten ja – in ihrem eigenen Interesse – keine andere Wahl
als marktgängige Objekte zwischen Maschinen und Kapital
doch zum Trost seien sie ja als Kunde bisweilen mal ein kleiner König
- so verteilen manche Ökonomen ihre Täuschungen wie klebrigen Honig.

Blinde Ökonomie
Die Ökonomie kennt für die Missachtung Schwächerer keinen wirklichen Preis
und so ist vieles in der Ökonomie vertröstender Ökonomen-Scheiß
denn das Gerechtigkeitsstreben zur Achtung der Würde der Mittelpunkt ist
dies zerreden so manche Ökonomen mit Wirtschaftswachstum – damit es die Gerechtigkeit zerfrisst
weil dann von der Würde und Gleichwertigkeit der Menschen nur noch eine Wachstumsziffer bleibt
und man vermögens- orientiert „übersieht", wie sehr jedes einmalige Leben nach Achtung schreit.

Zähmung

Gehst du den Weg zu einem achtungsvollen Frieden?
Willst du einer Seele eine liebevolle Heimat zu geben?
Und manchen Schrecken wegnehmen?
Um das Raubtier „Leben" zu zähmen?

Wie?

Du musst nicht alles realistisch sehen
denn ein wenig zu träumen ist oft die beste Art zu verstehen
wie begrenzt die Welt für das Schöne und Sanfte im Menschen ist
während Zeit und Herzesskälte an seiner Würde und seinen Kräften und Wünschen frisst
bis er in sich sinkt und notgedrungen resigniert aufgibt
und statt eines guten Lebens nur noch vor sich auf den Boden sieht
in dem man ihn irgendwann vergräbt
- nur eine Frage noch: Wie hast du gelebt?

Gesellschaftlicher Stabilität

Ist es gepflegte Dummheit
in der manche(r) gemütlich verweilt
weil er/sie zu den Starken oder Erben gehört
und ein im Luxus dahin dümmelnder Egoismus wenig stört?
Oder ist es eine normale Gemeinheit, die Nöte anderer nicht sehen
und über Schwächere und Erblose mit erhabenem Getue hinweg zu gehen?
Wofür man sich - wenn auch teuer - die Begabtesten als Diener einkauft
damit diese Truppe sich für die Reichen verkrümmt, Normen verdreht und rauft?
Und die Schwachen unten hält und ihnen sagt, es sei deren eigene Schuld
denn unter Tieren sei es ebenso: Dass der Unterlegene sich beuge und diene voll Huld?
Und weil der Wettbewerb zwischen Starken und Schwachen die Chancen richtig verteile
auf dass der Schwächere weiterhin als Untertan unten bleibe
und sich nicht zu sehr um den Wohlstand und die Geltung streite
damit er den Vermögenden geduldig Vergnügen, Freiheit und Achtung bereite.

Nur abstrakt „verstanden"

„Würde, Achtung, Recht und Pflicht": Es ist wenig was jeder dieser Begriffe bringt
bleibt er ohne konkretes Mitgefühl, was ein Mensch erlebt und was alles in ihm schwingt
denn fehlt das Empfinden, welche Frustrationen und Misserfolge er durchlitt
was ihm glückte und wo er sich verkroch, weil so manche Enttäuschung zu tief einschnitt
dann sind das nur abstrakte Floskeln aus einem auswendig gelernten Wörter-Buch:
Als abstrakte Erkenntnis zu schwach.

Unreif

Mit wenig Mitgefühl und viel Selbstgefälligkeit
mit wenig Sanftheit, Mitleid und Höflichkeit
werden Menschen wie gereizte Tiere
deren Krallen man sich erwehre
weil sie achtlos knurrend, kratzig und bissig
benebelt, gemein und hirnrissig
dich ergreifen, verletzen, keifen und kneifen
- viele können oder wollen nicht durch Herzlichkeit reifen.

Fassaden

Jeder interpretiert die Welt
bis sie ihm erträglich ist oder gar gefällt
damit man einen Weg findet
auf dem man sich nicht nur keuchend schindet
und nicht nur beugt, buckelt, dient und artig gibt
weil es einen selbst sonst noch tiefer runterzieht
damit die Gesellschaft sich wenigstens äußerlich achtungsvoll gibt oder glaubt
und doch die Schwächeren rücksichtslos um Möglichkeiten beraubt
weil sie den Reichen viele Freiheiten über jede Chancengleichheit hinausgibt
da man doch die Mächtigen hätscheln muss – oder gar ein bisschen liebt
damit etwas für einen selber vielleicht abfällt
so lange man mit den Kapital-Reichen etwas Händchen hält.

Herzlose Schmiede

„Jeder ist seines Glückes Schmied“
- auch wenn er/sie vielleicht als Kind erst 10,12 oder 16 Jahre lebt?
Und sich leider weder die Gene noch Eltern aussuchen konnte?
Und auch sonst leider nicht bei den Leuten des Geldadels wohnte?
Und man ihm/ihr dennoch erzählt, dass man alle Möglichkeiten in seiner Hand habe
trotz der täglichen Spiralen von Ausschluss und Misserfolg: Man verfüge doch über eine Gabe
und ein geduldiges Herz - weshalb die Starken unbehelligt und effektiv dafür sorgen
dass ihre Gewinne steigen während Schwächere Maßregelung und Geringachtung wie Pfeile durchbohren
denn wenn er/sie zu viel wolle, dann sei das gefährlich, egoistisch und schlecht
und dass die Reichen alles wollen und bekommen, das sei gerade recht
wo der Wettbewerb die Schwächeren oder Erblosen aussortiert

und er/sie sich doch still verhalten solle, dass es den Genuss „insgesamt" nicht stört!
Denn man habe ihm/ihr doch schon oft erklärt, jeder sei seines Glückes Schmied
und sei er/sie nicht oben: Dann habe derjenige eben zu recht unten gelebt!
Und wem das nicht passe der könne ja sonst wohin gehen - oder glauben
es gebe nach dem Tod vielleicht doch noch ein schönes Leben
und so suche er oder sie in einer Religion einen Frieden
Hauptsache, er/sie sei friedlich untertan geblieben
denn jeder sei ja seines Glückes Schmied:
Entscheidend sei für die Gesellschaft, dass auch der Schwache und Erblose das so sieht.

Weisheit

Sie (er) hatte weder ein makelloses Gesicht noch idealen Arsch
doch sie (er) war Herzens-weise, einfühlsam, geduldig und nie barsch
und so war sie jeden Tag ein Geschenk für sich und andere im Leben
mit ihrer Gabe, anderen Würde, Freude und innere Schönheit zu geben
im Gegensatz zu all den „Erhabenen" mit äußerlich schön gestylten Formen
die voller Überlegenheits-Geprotzte nirgendwo liebevoll so recht ankamen
weil sie ihren Stolz gegenüber anderen wie Mauern und Türme aufbauten
und voller Geltungssucht auf die „nur herzen-weisen" herabschauten
bis diese die Rechnung dafür mit der Erfahrung bekamen:
Überheblichkeit kann einen nicht dauerhaft wärmen
und so wurde es für diese Menschen – alsbald mittel-alt oder alt -
mit den zunehmenden Jahren zunehmend kalt
denn sie hatten es nicht verstanden, auf sanfte Herzen zu bauen
und statt Stolz und Rechthaberei auf die Schätze des Herzens zu schauen
und so gruben sie sich immer tiefer in ihrer „Erhabenheit" ein
denn sie waren – obwohl sie zu „den tollsten Menschen gehörten" - allein
sinnierend, wie übel und unzulänglich es sich doch verhielt
zumal wenn die sinnliche Attraktivität im Alter abkühlt
- während die (der) Herzens-weise in ihrer Liebe geborgen ward
voller Geschenke für sich und andere, reich wie zart.

Darüber hinweg

Mit deinem „Freiheits-Glauben" ist es vorbei?
Du bist gefangen in zähen Schlamm und Brei?
Denn deine Pläne und Ziele sind durch Missachtung verdampft?
Erschöpft sind deine Gedanken und Hände verkrampft?
Und die Seele ist unter Geringachtung eingesunken?
Deine Träume sind an Enttäuschungen ertrunken?
Denn du glaubtest an eine „Chancengleichheit" und wolltest so viel beginnen?

Warst lange über die besten Lebenswege am sinnen?
Hast gesucht und gearbeitet bis zum schnöden Erwachen und Ende?
Denn da gibt es für dich keine chancengleiche Wende?
Hast nicht die Gleichgültigkeit der Reichen auf die Ärmeren gesehen
die den Schwächeren gerne noch weniger geben und aus dem Wege gehen?
Die mit Erbschaften und Vermögen Schwächere dauerhaft ausgrenzen
und – bist du zudem leistungsschwächer – dich würdelos von gleicher Teilhabe ausgrenzen?
Hast du sie nicht all die Wirtschaftsegoisten gesehen, die ihr Ich groß hinausposaunen?
Du musst immer noch über so viel Geringachtung Schwächerer staunen?
Und willst darum den Weg so nicht weiter mitgehen?
Doch sie haben die Macht – also lassen sie dich sitzen oder stehen
und sie werden die Würde Schwächerer weiter nach Kräften übersehen
um über dich und deine Träume und Würde hinweg zu gehen.

Glücksschmiede

„Ein jeder ist seines Glückes Schmied."
Wieder mal trifft dich dieser Satz wie ein Hieb
denn ein gegossenes Eisen ist nun mal kaum noch in eine andere Form zu bringen
niemand kann gegen seine Geschichte einen allmächtigen Hammer schwingen
womit die Blödheit der Behauptung offen zu Tage liegt
weil sie weder die Gene noch Eltern noch die Umgebung einbezieht
und der so Redende vor Einsicht und Mitgefühl dreist oder dumm flieht
bemüht, dass man arrogant über alle Ungleichheiten hinwegsieht
wobei dies Gerede sich wiederholt, denn ein solcher Geist ist leider so verbeult
dass der Blödsinn das Licht der Welt keineswegs scheut.

Sie glaubt, es stünde ihr zu (könnte auch ein Er sein)

Ihr belehrendes und urteilendes „Gemecker"
war kein Geklecker
denn es war weder verstehend noch zart
sondern von der belehrenden, aburteilenden und strafenden Art
denn dies stand ihr nach ihrer Meinung entsprechend ihrer Erhabenheit zu
und so schoss sie ihre ätzenden Kommentare heraus im Nu
dabei bemüht, ihr eigenen Probleme weg zu drücken
denn sie fand sich selbst nicht so recht zum entzücken
also musste sie sich selbst in den Vordergrund spielen
um andere in deren Stellung und Achtung herunter zu ziehen
was ganz gut geht, wenn man andere unter einer Lawine der Besserwisserei begräbt
weil man dann selber erhöht auf einem Wort-Lawinenkegel steht
und zudem seine Interessen härter durchsetzen kann

so hatte sie zum besserwissenden Gemecker einen starken Hang
bis sie empört merkte, dass ihr die Zuhörer entschwanden
- ja wie sollte sie da ihre besondere Stellung jemals finden?

Der Gott in uns
Ein Gott ist Vollkommenheit
und darum reicht die Erschaffung eines guten Anfanges einem Gott nicht für alle Ewigkeit
wenn bei all der nachfolgenden Grausamkeit und Tatenlosigkeit
ein solcher sich fortan nur durch größtmögliche Gleichgültigkeit zeigt
- denn wie viel weg-sehen könnte ein Gott in seiner „Vollkommenheit" ertragen
um als Gott nicht an der Unvollkommenheit seines Werkes zu verzagen
wo sein Nichtstun bei all dem Elend keine Grenzen kennt
und eine Vielzahl von Menschen äußerlich und innerlich verbrennt?
Und wie kann ein „Vollkommener" nur so eisern schweigen
und all den Leidenden und Missachteten Zeit Lebens die kalte Schulter zeigen
wenn Niedertracht, Täuschung und Brutalität regieren
bis viele Seelen lebend ersticken und erfrieren?
Bleibt also von einem Gott und seiner Vollkommenheit
nicht mehr als einem idealisierendes Fantasieprodukt zur Abwehr verzweifelter Ratlosigkeit
für Leidende und Erniedrigte zum Trost breit ausgeschmückt
doch als Realitätsannahme nur täuschend und verrückt?
So suche nicht Gott, sondern Ideale und Liebe
dass deine Gerechtigkeit und Lust dir und anderen Lebensreichtum gebe
als dein persönlicher Schöpfungsakt
der als Möglichkeit in jedem von uns streckt.

Tauschen?
Wenn du heute dein Leben für ein neues Unbekanntes beenden müsstest – würdest du ein Neues nehmen?
Das Alte als vergangen bei Seite legen?
Auch wenn du nicht weißt
wohin das Neue dich zieht oder schmeißt?
Vielleicht in eine Hungerzone?
Ein Elend, eine Dürre oder Tyrannei, dass Krankheit und Not bei dir wohne?
Denn wie groß wäre deine Chance auf eine bessere Zeit
in einer Welt, die immer noch vor Ungerechtigkeit schreit?

Gläubige als Geschäftsreisende
Manche haben einen Glauben

der ist scheinbar durch nichts zu rauben
denn sie erhöhen sich damit über andere – und das scheinbar blind
indem sie verbreiten, dass sie eines Gottes wahre Angehörigen sind
weil sie fleißig und innig von und über ihn reden und vielleicht sogar glauben
denn dafür werde er ihnen als angemessene Belohnung ein ewiges Leben erlauben
nach all ihren oft ziellosen und unzulänglichen Wanderungen auf Erden
sie seien eben Gottes Kinder: Also werden sie ewig eins mit ihm werden
- und die anderen, die dieses Geschäft für einen Ewigkeits-Gewinn nicht eingingen?
Nicht glaubten, um einen Gott moralisch zum Gegengeschenk zu zwingen?
Die werden bisweilen als unwissend, weniger wert oder außenstehend dargestellt
weil ihr Leben kein Geschäft mit einem Gott enthält.

Es könnte besser laufen

Was jedem Menschen so im Kopfe herum schwebt
weil er danach sucht und strebt
sind Liebe, Achtung, Sicherheit und Sinnenfreude
- doch was ist die Realität? Zu viele werden mächtigerer Leute Beute
weil gefangen, niedergedrückt und ausgenutzt
ein Stärkerer sich mit Abhängigen schmückt und herausputzt
wofür man schon mal andere herunter stutzt
weil dies der eigenen Eitelkeit schmeichelt und nützt
verbunden mit Geringachtung und vergessenem Mitgefühl
- und wunderbarerweise dient die Marktwirtschaft oft recht gut diesem Ziel -
denn von sich aus taub und blind für die Probleme der Schwachen
erlaubt es den Reichen und Starken umso freier zu raffen und zu lachen.

Alltag

Wenn die Braven selig ruhen
während die Bösen egoistisch böses tun
und die Liebenden selig pennen
während die Mitleidlosen treten und gewinnen
bis die Gedemütigten stumm die Fäuste ballen
und die Mächtigen und ihre Geldgeber mit Peitschen knallen
dass die Sanften sich mühen und doch verletzt oft untergehen
weil über allem Großkapital, Eitelkeit und Geltungssucht stehen
dann ist das der Alltag für die meisten
- doch du rebellierst, denn du versuchst dir Würde und Mitgefühl zu leisten.

Weise Narren
Hast du dich heute schon zum Narren gemacht?
Umsonst gearbeitet, zurückgesteckt oder mühsam ein Feuer entfacht?
Während andere nur zusahen wie du dich mühst?
Wie du dich abstrampelst und die Register deines Könnens ziehst
um dir dann wie eine Gnade eine kleine Anerkennung zu gewähren
und dich so über deinen wenig beachteten Wert zu belehren?
Und doch machst du dich weiter aus Freundlichkeit zum Narren
gehst lächelnd weiter oder versuchst friedlich zu verharren
auch wenn da oftmals wenig Hoffnung ist
und du manchmal etwas verloren zwischen all den Egoisten bist
doch willst du mit aller Kraft das Leben liebend annehmen
auch wenn es scheint, als würden sich so nur Narren benehmen.

Rettende Vorstellungskraft
Du hast trotz aller Nöte nett gefeiert
Elend übersehen oder deine Übelkeit darüber raus „gereihert"
heute die Armut verdrängt wie auch all den anderen üblen Zwist
denn das musste jetzt mal sein: Weg mit all dem Mist
denn nur so erscheint die Welt gut und gesund
und die Seele und der Bauch satt und rund
und alles ist wunderbar
wie es für zu viele Menschen nie der Fall wahr
- doch auch das muss man bisweilen können:
Sich das Leben gut und unbelastet vorzustellen
damit die Seele nicht wie ein Stein unter alledem versinkt
in eine der vielen herzlosen Jauchegruben, aus denen es stinkt.

War ich das auch schon mal?
Man findet in so mancher Rede und an manchem Fleck
einen Haufen Dreck
von Menschen achtlos oder dumm durch Worte und Taten hinterlassen
man möchte so viel Gemeinheit, Egoismus und Verächtlichkeit kaum anfassen
was einem nach einer ersten Wut aber manchmal auch einen Selbstzweifel verschafft:
Hat man etwa selbst irgendwo auch schon mal so einen Dreck gemacht?

Nicht alles sehen
Der Magen voll und die Seele heiter laut oder still
- was gibt es mehr, dass ein Mensch so will?

Denn ist das Elend fern und die Genüsse nah
so ist ein Leben ganz nett und wahr
und es reicht, um sich sanft zu wiegen
mag die Welt sich sonst auch noch so verbiegen
- was leider oft nur mit hartnäckigem wegschauen gelingt
weil zu vieles falsch und misslich ist und schrill klingt
denn all das Elend um uns herum kann eigentlich niemand ertragen
wenn man alles sähe – das wäre wie ein Schlag in den Magen.

Bezahlte Claqueure der Macht

Raffiniert dumme Ausreden
und verschleiernde Sprüche ohne Segen
oder Täuschungen und Verdrehungen bei jeder Gelegenheit
so ist mancher Satz nur eine versteckte Irreführung und scheinbare Höflichkeit:
So reden die Vasallen und gerissenen Knechte
zum Besten ihrer Herren - und ansonsten Ungerechte
denn sie jagen nur zu eigenem Vorteil und für die eigene Karriere:
Eine Bande in vornehmen Kleidern – wenn da nicht bisweilen ein Störenfried wäre
den der Glanz, die „Einschlafpillen" und die Irreführungen nicht täuschen
der aber geringgeachtet wird: Er ist von den Reichen nicht zu gebrauchen
und so wird er von deren bezahlten Claqueuren eingekesselt oder geschnitten
damit er lernt, sich zu beugen, bücken und bitten.

Vorbereitet

Du hast gelernt eisern zu lächeln
um die Schmeißfliegen des Alltags weg zu fächeln?
Du bemühst dich den Rücken gerade zu biegen
um nicht gekrümmt am Boden zu liegen?
Du hast gut trainierte Freudenfältchen im Gesicht
damit der Herzmuskel nicht verkrampft, gar bricht?
Dann bist du ja bestens auf das Leben vorbereitet
auch wenn es mal wieder würdelos entgleitet
denn du hast beschlossen: Du willst nicht untergehen
und das soll man dir auch an deiner Haltung ansehen.

Missratene Gerechtigkeit

Es gibt gesellschaftlich selten ein hinreichendes Bild der Gerechtigkeit
denn nur im privaten Kreis ist sie nahe dran an einer konkreten Erfahrbarkeit
und so dient die Anonymität der großen Gruppe den Mächtigen und ihren Politikern dazu

um wegzusehen und sich und ihre Vasallen weiter zu bereichern in aller Ruh'
denn jeder der reich wurde ist angeblich durch seine Arbeit reich
und wer arm bleibt habe es so gewählt – es wären eben nicht alle Menschen gleich
und so sei jede egoistische Bereicherung der Erben und Starken zu achten
und die Schwachen haben eben Pech – die könnten es ja auch wie die Reichen machen
womit man Leistungsstärke, Marktzufall und geerbte Vermögen zu etwas Unantastbarem
erklärt
damit kein Politiker sich mit Gedanken zur Gerechtigkeit sein Leben erschwert
und man die öffentliche Gleichgültigkeit und Erniedrigung Schwächerer als richtig erklären
kann
so kommt man als Politiker bei den Mächtigen, Erben und ihren Dienern immer gut an
und viele Zeitungen spielen dabei so freundlich wie dumm oder naiv mit
sonst kommt man ja mit den Lesern der Mittel- und Oberschicht aus dem Tritt
und würde gar noch berichten müssen: Da sei etwas dringlich zu tun
was die eitle Ruhe stört wie auch die Reichen, die gerne ungestört ruh'n
denn es ist schön, zu glauben, Schwächere hätten keine berechtigten Interessen
und sollten sich nicht auch noch frech irgendwie an den Wohlhabenden messen
denn schließlich sei alles „Chancen-gerecht“, und jeder habe die gleichen in seinem Leben
die einen seien eben oben und die anderen unten – so was müsse man hinnehmen
- wofür die unten auch bitte noch dankbar sein sollten
denn der Anstand gebiete, dass die Besitzlosen den Reichen Achtung und Vermögensschutz
zollten.

Benutzt

Das Leben hat dich mal wieder verraten?
Schmeckt zäh und fade wie ein alter Braten?
Die Liebe ist am bröckeln und das Geld am schwinden
und täglich musst du dich schinden
denn nirgends ist eine bleibende Geborgenheit
um dich herum und in deiner Zeit?
Du hast recht, viele Tage sind kurz und grau
und zu viele Menschen bitter, egoistisch und rau
aus Dummheit oder Schwäche nur auf sich bedacht
und in ihrer Wut mit sich selbst verkracht
aber du: Du kannst ihnen helfen mit Liebe und Lächeln
um ihnen und dir etwas von einem verlorenen Paradies zu zufächeln
- soweit sie dich nicht benutzen
um dich zu ihrer Selbsterhöhung runter zu stutzen.

Tierwelt

Menschen sind bisweilen wie gefährliche und dumme Tiere
dass ich bei ihrer Nähe mich ducke oder friere
denn manche machen sich mit wenig Mitgefühl und viel Selbstgefälligkeit
möglichst groß wie auch dümmlich eitel und breit
während sie kläffen, belehren, verachten und beißen
um andere von dem nur ihnen gebührenden erhöhten Podest zu schmeißen
während sie voll Geltungssucht wie auf einem Tanzplatz herumstolzieren
und die anderen wie untergebene Zuschauer möglichst nur am Rand positionieren
damit nichts ihre aggressive Eitelkeit stört
womit ihr Wesen weniger als jenes eines Rindviehs betört.

Wie sehr hast du dich angepasst?

Hast du die Kontrolle über dich verloren
und dich für Mächtige gehorsam verbogen?
Über Ungerechtigkeiten, Eitel- und Überheblichkeiten geschwiegen
in der Hoffnung, dies alles möge von selbst verfliegen?
Und hast du dich nicht auch an einfachen Phrasen gewärmt
und für Täuschungen gebeugt, verformt oder gar gelärmt?
War für dich entscheidend, was Herrschende dir geben
auch um den Preis, deine Wahrhaftigkeit beiseite zu fegen?
Hast du also gelernt deine Einfühlsamkeit zurück zu drängen
um dich und andere in die Machtspiele der Kapitalgeber hinein zu zwängen?
Ist es gut für dich nach der Anerkennung der Reichen zu streben
und dafür Schwächeren umso weniger zu geben?
„Nein" sagst du, du hast nicht Kontrolle und Mitgefühl verloren
und dich nicht unter dem Egoismus der Hierarchien verbogen?
Und du wirst dich weiterhin ehrlich und überzeugt einbringen
um gegen alle Müdigkeit dein Herz und deine Mitte zu finden?

„Demobilisierung"

Oft wird jener, der sich bescheiden mit seinen Verhältnissen abgefunden hat
ein wenig gelobt: So funktioniert die Macht- und Einkommensverteilung glatt
denn akzeptiert man erst mal still „seinen Platz" in der Welt
ist dies eine Stille, die Herrschenden und Vermögenden sehr gut gefällt
also wenden Mächtige gerne eine einschläfernde „Demobilisierungsstrategie" an
damit die Macht und deren Nutzen weiter für sie in Ruhe wirken kann
wo der Abhängige und Schwächere nicht mehr fragt und an seinen Platz glaubt
damit es den Geld-Mächtigen den Schlaf nicht raubt.

Auf dem Klo

Kann dich das quälen?
Dass zum Beispiel schwächere Menschen für Mächtige oft wenig zählen?
Dass Kapitalgeber und ihre Gehilfen mit „ihrem Recht" dich knechten?
Damit sie sich voll Eitelkeit zelebrieren und andere faktisch entrechten?
Weil angeblich sie ganz besonders zum Wohl und Fortschritt der Menschheit beitragen?
Und mit ihrem Reichtum und ihren Handlangern mehr als du bewirken und „wagen"?
Weil du in ihrer Selbstbewertung „zu Recht" am Rande stehst?
Und sie wollen, dass es so bleibt und du ihnen aus dem Wege gehst?
Allenfalls besänftigt mit bunten Bildern, etwas Rausch und Konsum?
Ansonsten mit geduldiger Bescheidenheit und der Arbeit „Ehre und Ruhm"?
Sollten dich also solche Dinge quälen und du willst dich schützen
so betrachte sie als würden sie auf dem Klo sitzen – das kann einer klaren Sicht nützen.

Reiche und der Schutz „tradierter" Werte

So manche „Eliten" leben davon, es bei den „leitenden" Werten scheinbar besser zu wissen
auch wenn sie oft nur erbten und dann verdrehten, wegsahen und andere pressten
wofür sie den Schutz der alt hergebrachten Werte besonders betonen
um weiter ohne Mitgefühl gegenüber Schwächeren „unter sich" zu wohnen
damit sie die Macht des Geldes und der Politik weiter im Rücken haben
um auf dem Buckel weniger Wohlhabender ihre Lust zu laben.

Versagen

Weißt du denn nicht wie es ist
wenn du unten - und gar noch arm - bist?
Wenn du am Rande und draußen stehst
weil du nicht zu den Schönen, Klugen oder zumindest Reichen gehörst?
Wenn du auch das Wenigste noch dem Tag abringen musst
und jeden Monat bei der Bank fast - oder wirklich - in den Miesen bist
während Vermögende dich nur mit dem Notwendigsten für ihre Ruhe teilhaben lassen
und dafür ganz ungeniert nach deiner Lebenskraft und Duldsamkeit fassen?
Und dich wie einen Ausgestoßenen nicht in ihre Kreise aufnehmen
sondern wie einen Verseuchten wegschieben und ablehnen?
Und selbst die reichen Töchter und Söhne nur ihresgleichen suchen
um nur nichts von ihren Konten abzubuchen
wobei sie mit reichem Erbe über Chancengleichheit schwadronieren
und sich nicht im Geringsten dabei genieren
wenn sie dir zeigen wie gesellschaftliche Geringschätzung funktioniert

weil dir keine Achtung - außer jener des (dir fehlenden) Geldes - gebührt?
Damit die Unteren auch unten bleiben
und sich stumm unter ihr scheinbares Versagen neigen?
Wofür sie dir erzählen du solltest deine Untertanen-Rolle besser annehmen
und dich geschickter fügen, dulden, ducken und hinnehmen
damit die Mächtigen dich und andere leichter niederdrücken
und sich an ihrer Habgier und ruhigen Gleichgültigkeit entzücken
behauptend, deine kleine Rolle sei kein Unrecht und also einerlei
denn es sei allein dein Versagen und somit dein Jammern allenfalls kindliches Geschrei?

Wahrhaftig

Ein positiv wirkender Gott müsste vieles anders beginnen und beenden
und sich wahrhaftig zum Schutz besonders den Schwachen zuwenden
um den Suchenden und Leidenden in die Augen zu sehen
und ihnen Wärme, Zuversicht und Geborgenheit zu geben
denn solange er das nicht wirksam macht oder kann
ist er eine erdichtete Idee und allenfalls ein Traumbild von einem Mann
doch eigentlich nicht mehr als Sand, der angenehm durch die Finger rinnt
was eine kurzweilige Zerstreuung und Hoffnung bringt
auch um Menschen durch Illusionen an Hierarchien zu binden
anstatt ihnen zu zeigen, wie sie sich befreien und liebend zu sich finden
nicht benutzt von Mächten, die vieles versprechen und viel weniger halten
um auf der Jagd nach Geldern und Verehrung über Schwächere herzufallen
- denn vieles müsste ein Gott rasch und gründlich beginnen und beenden
um sich den Menschen endlich zuzuwenden.

Ideal und Gott

Du sagst: Ein Gott sei – als Ideal - vollendet?
Doch die Erde ist es nicht?
Deshalb habe sich auch kein Gott der Erde wirklich zugewendet
und eine göttliche Präsenz sei nur eine Illusion – oder ein mattes Licht?
     Und gäbe es einen Allmächtigen fassbar und real
      so triebe das viele nur zu unterwürfiger Anpassung
       aus Hoffnung, dieser Gott belohne sie mit Gewinn für jede Qual
        und für Gebete wie eine Bezahlung als vertragliche Veranlassung.
Und so treiben viele eine Gottesverehrung um der möglichen Zinsen willen
denn dann funktioniert die Show und das Geschäft und man ist dabei
und das genüge um für den Fall der Fälle um die Erwartung eines Allmächtigen zu stillen
wo ein Ideal mit Kraft anzustreben real zu anstrengend und teuer sei.
     Und doch möchtest du manchmal einen guten und sichtbaren Gott finden

damit das Gefängnis aus fehlendem Mitgefühl und Schwäche zerbricht
und wir unsere Ziele mit Kraft und Kunst vollenden
denn wir brauchen der Liebe und Zärtlichkeit ganzes Licht.

Politik für Schwache?
Da waren sie wieder meine Probleme mit der Politik
insbesondere mit dem so manchen Politikern fehlenden Geschick
aus einem unterentwickelten Gerechtigkeitsstreben und Wissen
auf der Suche nach einem von den Mächtigen zugestandenen opportunistischen Ruhekissen
denn nichts sei unangenehmer als eine Enttäuschung der Mächtigen
und der Ärger mit Schwächeren? Das sind doch oft nur die Lästigen
doch die sind leichter wegzudrücken oder übergangen
denn wo können die Schwachen mit Macht hinlangen?
Also nutzen weiter so manche ihren kalkulierten Mangel an Einsicht:
Wer nicht leistungsfähig ist – der suche sein Glück bei Gottes Gericht
und wer sich frustriert zurück zieht habe halt selber den Schaden
womit die reich Erbenden, Mächtigen und Starken sich ungeniert weiter laben
darum suche der Schwache seine Hilfe nicht bei der Politik:
Da gibt es viele vorlauten Bücklinge und Vasallen mit opportunistisch viel Geschick.

Ökonomie der Küchenschaben
Ökonomisch betrachtet sei jeder nur auf den eigenen Vorteil bedacht?
Denn laut der lautesten Ökonomen sei der Egoismus die tragende Kraft?
Weil sich der Homo-Ökonomicus stets an die Grundregeln halte
dass vom Geld und der Geltung möglichst viel in den eigenen Beutel falle?
Also hätten Mitgefühl und Achtung allenfalls als „Pflaster" einen Wert?
Und wer das bestreite sehe die Welt – geblendet von Idealen und Mitgefühl - verkehrt?
Denn ein Wohlstand für alle brauche starke Erben, die von reichlich prallen Geldsäcken
leben
um auf dem Rücken „kleinerer Leute" diese zu steuern und zu belehren
da man zu Recht auf einem Vermögenshaufen weit über anderen throne
weil man ja die Schwächeren mit der Möglichkeit der Arbeit belohne
auch wenn der Niedriglohn viele Seelen geringachtend verletzte – und manche zerbrechen
denn das sei der Preis – und Schwache können ja sowieso nur nach Chancengleichheit
kläffen
doch würde zu lautes Gebell den Renditen schaden - von denen angeblich doch alle etwas
haben:
Es lebe die dumm-dreiste Ökonomie mit dem Mitgefühl von Küchenschaben.

Fischlein, pass auf

"Rücke mir nicht auf die Pelle"
sprach zum Fischer noch kurz die Sardelle
doch der hatte sie sogleich gefangen und gegessen
und die Sardelle war schnell bis auf einen Nachgeschmack vergessen
woraus man lernt: Lasse dir zur Flucht vor solchen Fischern raten
denn die benutzen dich mitleidlos bis auf deine Gräten
und du wirst schnell in einen ihrer Kochtöpfe gleiten
um ihnen einen netten Genuss zu bereiten
- doch wenn du Glück hast schwimmst du noch eine Zeit herum
und wirst nicht gefressen oder vor monotonem Gehorsam grau und krumm.

Erziehungsbedürftig

Gott ist Gott, vorausgesetzt, er lässt eine Welt durch seinen puren Willen entstehen
- doch das Ergebnis kann man oft nicht mit Freude ansehen
weil sich darin zu wenig Güte und Herzlichkeit findet
womit der Mensch sich müht, windet und schindet
um einen göttlichen Willen zum Besseren zu lenken
und der göttlichen Vorstellung mehr Weisheit zu schenken
denn der göttliche Wille hat offensichtlich nicht gereicht
wo die Welt einer brutalen und herzlosen Folterbank gleicht
- womit manch Gläubige/r sich ein Leben lang müht
dass Gottes Wille so manchen Menschen zu einem besseren oder wirksameren erzieht
damit man einen Gott auch wirklich göttlich nennen kann
- irgendwann.

Das hat keiner verdient

Hat dein Leben nur einen Mindestlohn verdient?
    Denn eine gleiche Würde hat doch jeder in dieser Welt
obwohl so mancher Mächtige und Handlanger das anders sieht
    indem er die Anerkennung anderer geringhält
bemüht, Abhängige durch Niedriglöhne schwach zu halten
    um selber noch mehr Vermögen zu genießen
und kalt als Vermögens-Mächtiger für sich zu walten
    während an den Geringverdienern der mögliche Wohlstand vorbeifließen
wofür man sie ungeniert auffordert, selbst für wenig Lohn dankbar zu sein
    denn noch weniger könnte man sich ja auch denken
also muckt nicht auf und duckt euch für das geringe Entgelt recht fein
    wenn die Vermögens-starken euch gnädig überhaupt mit einem Lohn bedenken.

Zu wenig geerbt
Kaum Vermögen und keiner leuchtenden Karriere Reiz und Charme
so bist du für erhoffte Lebens-Wunsch-Partner leider zu arm
hast du auch Einfühlsamkeit, Witz, Kraft und ein gutes Herz
so fehlt dir doch das Haus mit Garten – und das ist dann wie ein schlechter Scherz
denn das vermasselt dir gründlich die Partnerwerbung und Balz
und die oder der Ersehnte lehnt sich lieber an einen reichen Hals
weil dies eine bessere Rente, netteres Auto, Haus und Shopping verspricht
und so kannst du dir nur noch die Sprüche von der Chancengleichheit anhören - mehr nicht
denn sie reden ohne Unterlass: Du könntest mit deinen Gaben viel weiter aufsteigen
und wissen doch, du wirst unten in deiner Schicht mit wenig Vermögen bleiben.

Steuern
Was bereitet dir Mühe und Leiden?
Drängt sich unappetitlich in dein Fühlen, Denken und Schreiben?
Raubt dir die Ruhe, das Lächeln und die gute Laune
so sehr man auch spare und auf jede Ausgabe schaue?
Es ist das Finanz- und Sozialamt, das jeden noch so kleinen Säckel umdreht
dem der Kleine nur durch den Tod und der Große durch Finanzjongleure entgeht
- doch da ich als Kleiner noch nicht abtreten will
zahle ich eben die Steuern so demütig wie naiv und still
und lasse mir vom Finanzminister das Märchen von der Gerechtigkeit erzählen
denn er wird mich ungeniert weiterhin mit all den Abgaben selbst auf kleinste Einkommen
quälen.

Manchmal ist es einfach zu viel
Wenn ein/e Politiker/in das Volk nicht mehr täuschen kann
weil das Volk sieht, was sie oder er ist – was macht er oder sie dann?
Denken sie sich dann mal wieder neue „Leitbilder" zur Vortäuschung eigener Bedeutung
aus?
Oder machen sie Imagekampagnen, finanziert von mächtigen Geldgebern mit deren
Applaus?
Oder ziehen sich zurück um ihre Geschäfte verdeckt und still zu machen
und ungestörter von „denen da draußen und unten" zu schachern und zu lachen?
Das alles am wirksamsten, indem sie Informationen und Absichten verschweigen
und damit durch stumme Verschlagenheit zu einer Art der Lüge neigen?
Denn wann werden so manche/r Politiker/in wirklich alles tun und sagen
auch für die Schwächeren zum Segen?

Oder sind - nur nicht ausgesprochen und doch ohne Frage
eher eine lästige, vorlaute und alberne Plage?

„Erhabene"
„Erhabene" Leute: Sie glauben besser zu haben oder zu wissen
auch wenn sie nur eitel täuschen und andere runter pressen
weil sie z.B. die Macht des Geldes gegen Schwächere im Rücken haben
und so ihre Karriere- und Imagelüste auf dem Rücken anderer austragen
mit Geschick, doch leider ohne Einsicht, wie sie sich vor ihren Spiegeln drehen
um neben sich nicht auch noch andere zu sehen.

Aufrecht
Was an Zorn in einem Menschen steckt
und welche Bitterkeit - das bleibt oft unentdeckt
nur in manch kurzen Bemerkungen oder einem Schweigen
brechen Wunden auf, die anderen zeigen
wie tief verletzt manche/r ihr Innerstes behüten
um nicht seelisch auszubluten
an all der Gleichgültigkeit, die ihnen entgegenschlägt
und die man oft nur mit letzter Mühe erträgt
auch wenn sie scheinbar ruhig durch ihr Leben gehen
und manchmal mehr äußerlich als innerlich aufrecht stehen.

Übergossen
Trotz
Betrug und Protz
Eitelkeit und Einschleimerei
Machtmissbrauch und Anbiederei
Missachtung und Gleichgültigkeit
geschminkte Dummheit und Überheblichkeit
- und du überlegst: Wie mache ich mich davon frei
weil dich die Erkenntnis drückt, was das alles für ein Unfug sei
womit du manches Macht- und Ausbeutungsspiel etwas störst
und dafür blödsinnige Zurechtweisung und Geringschätzung erfährst
doch willst du des Menschen Würde auch für Schwächere nicht aufgeben
dann richte dich darauf ein: Für dein Mitgefühl stehst du bisweilen im kalten Regen
denn wer nicht gehorcht, dient oder sich still arrangiert
erlebt, dass er von den Mächtigen, Egoisten und ihren Helfern mit Verachtung übergossen
friert.

Glückes Schmied

Was kann man sich aussuchen?
Wen kann man wirklich um Hilfe rufen?
Welche kleinen Zeitfenster verlängern?
Welche Wege ändern?
So urteile nicht zu hart
und liebe und urteile zart
und siehe den anderen gut in die Augen:
Alle möchten an ein sinnen-reiches Leben glauben
denn das Gerede „Jeder sei seines Glückes Schmied"
ist meist nur die Ausrede, dass man vom Pech anderer wegsieht
bei denen, die nicht bei den richtigen Eltern und Ländern geboren sind
und bei denen man sich kaltherzig weigert, dass man ihnen Hilfe oder Verständnis
entgegenbringt.

Masochist?

Du willst immer die ganze Wahrheit sagen und wissen?
Du suchst nach all den übertünchten Fallgruben und Rissen?
Du glaubst nicht all den netten Wort-Ruhe-Kissen?
Dann gehörst du vielleicht zu den Masochisten
denen Liebe und kindliches Vertrauen nicht reichen
weil sie sehen, wo und wie viele Gemeinheiten herumschleichen
verpackt hinter schönen Worten, Schweigen und manch täuschendem Schein
um zu beruhigen und abzulenken - doch eigentlich ist dies zutiefst gemein.

Nie

Auch mit schickem Auto oder Diamant am Ohr
bleibt der oder die der gewohnte Tor
denn mit geschniegeltem Aussehen und Tüchlein um den Hals
tänzelst so manche/r doch nur der Eitelkeit dürftige Balz
dreht sich vor dem Spiegel und lächelt sich an
verehrst sich selber: Was ich alles bin und kann!
Und du? Bist du auch manchmal so wie er oder sie?
Und merkst es zu spät - oder nie?

Draußen

Ohne harten Geschäftssinn oder -charme

und ohne Vermögen bist du wahrlich normal und im Notfall arm
und hast du auch immer treu und wohlwollend gedient
ja gesagt und gelächelt wie es sich geziemt
so wirst du doch nur freundliche Duldung erlangen
du verdienst mehr? Sie halten dich mit Gleichgültigkeit gefangen
und lassen dich zappeln und hoffen:
Du darfst höchstens mal an ihre Türen pochen.

Lehrer und gescheiterte Könige

So manche/r hat ihre/seine Freizeitorientierung und Ängstlichkeit nur kaschiert
und darum sein Geltungsbedürfnis mit einem Lehrerdasein kombiniert
was allerdings nicht immer die erhoffte Sonnenseite des Lebens beschert
weil sich die Welt nicht immer um die erstrebte Erhabenheit schert
denn auch wenn es an „unangreifbaren" Worten von Lehrern nicht fehlt
und sich die Brust und der Bauch bisweilen vor lauter Eitelkeit bläht
ist die Achtung als kleiner König doch stets in Gefahr
weil eine Gruppe Schwächerer als Ganzes nicht immer schwächer war
und so was bringt dann das stolzierende Herz schnell in Wallung
im brennenden Bedürfnis nach einer so gehobenen wie unangreifbaren Stellung
zumal wenn Sie oder Er glaubt, man sei selbst von solcher Vollkommenheit
dass einem gebühre eine so erhöhte wie sichere Position in der Menschheit
bedingt durch ihre leuchtende Leistungsfähig- und Aufmerksamkeit
als adelnde Merkmale über der anderen Gewöhnlichkeit
die sich beglückt fühlen sollten, Lehrer zu begleiten
und von ihnen beschienen an deren Seite zu schreiten
- sind auch manche Lehrerseelen so ängstlich, arbeitsscheu und wund
dass sie wie am Leben gescheiterte und verzagte Könige sind
die nie so recht im Leben standen
und darum nie genug den Zugang zu ihrer Aufgabe fanden.

Wohin?

Wohin mit den Gefühlen
wenn sie den Kopf überspülen?
Und das Gemüt einschnüren und fesseln
und wie Nägel auf dich niederprasseln?
Oder die Erde unter den Füßen fortspülen
und die Sinne nicht mehr abkühlen?
Wohin dann ohne einschnürende Gelassenheit
ohne Abschirmung und einer Liebe Sicherheit?
Wenn die Gefühle dich tief biegen mit fast jedem Wind

und jeder Sturm eine Wut statt zarter Besänftigung bringt?
Wenn sich eine Lawine seelischer Brutalität zusammenballt
bis man hilflos erschöpft in sich zusammenfällt?
Wohin gehen also all die Missachteten und Hilflosen mit ihren Gefühlen
wenn die ruhigeren Bäche des Schlafes sie nicht mehr kühlen
und sie keine Zuflucht durch Rückzug mehr finden
und machtlos mit einem Vergessen ringen?
Was wird dann aus all den Verletzten
mit ihrem Entsetzen?

Marktwirtschaft

„Die Gesellschaft" müsse möglichst reich, aber nicht allzu gerecht sein?
Denn der Reichtum einer Oberschicht bringe auch den Schwachen mehr ein
also schwadronieren manche: Gut sei der Markt, wenn auch oft nicht gerecht
in der Marktwirtschaft sei es eben normal, dass es Schwächere beugt und bricht
und wer nicht leistungsfähig sei müsse eben beiseite stehen
jeder könne sich ja nach einer anderen Gesellschaft umsehen
oder müsse den hässlichen Preis des Wettkampfes entrichten
der viele Schwächere runter drückt – die müssen sich eben nach den Begüterten richten:
So sprechen die, die reichlich haben
und sich an den Diensten anderer laben
und mit ihrem Gerede die Würde Schwächerer missachten
dabei gerne wegsehen oder schon mal über Schwächere Witze machen
denn dass ein Leben mit der Leistungsfähigkeit und dem ererbten Vermögen steht und fällt
wäre angemessen – was als Strategie der Missachtung der weniger Leistungsfähigen den
Begüterten gefällt
so lange die Wut der Schwächeren den Vermögenden und ihren Vasallen keinen Ärger macht
damit der Club der Reichen unter sich bleibt und erhaben und gerne lacht
- doch das diese Teilung Unrecht ist weiß im Stillen fast ein jeder
aber ändern? Das soll warten und vielleicht „später"
denn heute muss mit billigen Menschen die Wirtschaft weiter aufgebaut werden:
Eine gleiche Würde Schwächerer kann ja mal ernsthaft irgendwann beachtet werden.

Meute

Versuche dich zusammen zu raufen
hockst du mal wieder auf einem Scheißhaufen
also trainiere fleißig dein Grinsen
geht mal wieder viel in die Binsen
und bleibt dir als Andenken und Dank
mal wieder nur ein unschöner Gestank

deklariert als „kleine Anerkennung"
mit der Absicht deiner gehorsamen Verblendung
- dann nutze jede Möglichkeit darauf zu kotzen
und mal von Herzen kräftig zu rotzen
oder befreiend zu lachen oder zu erbrechen
um danach erleichtert zu zechen
denn die winselnden Hofhunde werden immer versuchen dich weg zubeißen
um die hingeworfenen Fleischbrocken ihrer Herren folgsam an sich zu reißen.

Ungewollt
Er/sie redete viel
und das hatte meist nur seine /ihre Eitelkeit zum Ziel
weshalb nun auf seinem/ihrem Grabstein auch stehen sollte:
Nun kann er/sie nicht mehr protzen – obwohl er/sie das am meisten wollte.

Nicht mehr gefangen
Als Gott den Menschen erschuf
tat er das nicht nur als sein Beruf
sondern vorrangig zu seinem Pläsier
denn nicht als Pflicht, sondern aus einer für uns netten Laune heraus sind wir hier
weswegen es des Menschen Berufung ist, sich sinnlichen Impulsen zuzuwenden
und nicht nur jenen, die morgens am Schreibtisch beginnen und dort abends enden
mit Menschen, die einander oft fremd und fern und misstrauisch bleiben
mit Beladenen, die sich verstecken und erschrocken ihre Seele nicht zeigen
gefangen in Ritualen, die blöde sind und zu viel Kraft kosten
und eitlen Schauspielern, die glänzen wollen und doch nur rosten
wie auch vielen, die ihre Selbstachtung an der Garderobe abgeben
weil sie sich zu viel einreden lassen und ihre Selbstachtung gehorsam ablegen
zwischen jenen, die mit vorlauten und gefühllosen Urteilen dominieren
dass mach Verwirrte erschrocken stille halten und stumm frieren
statt den Tag und seinen Reichtum freundlich und herzlich zu genießen
und behutsam mit sich und anderen und der Zeit zu fließen
- denn eigentlich haben wir genug für alle für Zuneigung, Liebe und Lachen
trotz all der unwichtigen und wichtigen Arbeitssachen
um näher zu unserem möglichen Leben zu gelangen
nicht mehr in Angst, Eitelkeit, Selbstherrlichkeit und Stumpfheit gefangen.

Gottesgericht
Leider ist ein Gott als Schöpfer auch zuständig für Niedertracht, Gleichgültigkeit und Graus

und darum wäre der ihm zukommende Applaus
oft nur eine Serie schallender Ohrfeigen
für all das zugelassene Zerbrechen und Leiden
und deshalb gehören auch nicht die unvollkommenen Menschen vor ein höchstes Gericht
sondern so ein Gott mit seinem oft gleichgültig-grausam abgewandten Gesicht
auch wenn es ihm gefällt
dass mancher in einem Glauben noch an ihm festhält
hoffend, irgendwo könnte doch ein allmächtiger und wirklich gütiger Idealist sein
und nicht wie der scheinbar jetzige Gott so oft abwesend und gemein
der Unschuldige millionenfach leiden, schreien und sterben lässt
während er sich mit irgendwas anderem irgendwo anders befasst.

Sie wäre so gerne was Besseres
Sie war so stolz in ihrer Eitelkeit:
Keiner erreichte sie mit ihrer Besserwisserei weit und breit
denn die Anderen waren doch nur oberflächlich
oder in ihrer Beschränktheit klein und lächerlich
und darum permanent von ihr zu belehren
um die Anderen über ihre Unzulänglichkeit aufzuklären
und so konnte sie wunderbar auf Andere herabblicken
um sich an ihrer eigenen Überlegenheit zu entzücken
was sich reichlich und fast unaufhörlich tat
bis sie immer öfter alleine und gemieden ward
was „natürlich" nur durch den Unverstand der anderen geschah
- weil sie ihre eigene eitle Dummheit niemals sah.

Antreiben und ködern
Zur Kunst des Herrschens gehört es, Menschen immer wieder zu ködern
ohne dass sie ihn ganz erreichen – sonst hören sie auf sich selbst bis zur Ausbeutung zu fordern
- doch das müssen sie für den Reichtum einiger bleiben
mit dem Gefühl: Wenn ich so nicht funktioniere kann ich mich selbst nicht leiden.

Eingespannt
Mancher sagt, es sei wichtig, Menschen immer einzuspannen und zu ködern
und sie nie ein Ziel abschließend erreichen zu lassen – sonst hörten sie auf zu dienern
und dann verlören sie ihre Disziplin und die Mächtigen die Kontrolle
- das sei doch nichts, was irgendjemand ernstlich wolle?
Denn man müsse die Menschen vor ihrer eigenen Öde bewahren

und ihnen dafür Zeit Lebens immer weitere Pflichten auftragen
damit niemand zufrieden nur mit sich und den seinen lebe
und an sich selbst verloren – und den Mächtigen nicht mehr zur Hand - gehe
wobei das mit der Beschäftigungstherapie schon insoweit stimmt
so lange man sich nicht vorrangig für Mächtigere müht und krümmt.

Würde und Verletzlichkeit
Leicht verletzlich ist das Leben
- und dies hat ihm stets eine besondere Feinheit gegeben
denn einen Stein, Eisen oder Holz kann man zwar formen und teilen
doch eine Seele muss stets eine geliebte oder geachtete Einheit bleiben
weil Missachtung ein fast tödliches Gift ist
die eine Seele auffrisst.

Erwerbsarbeitszwang – bitte nur für Schwächere ohne Erbe
„Das sieht weder nach Unschuld noch Vernunft aus“
so bricht es aus dir heraus
weil zu viele Menschen vor einen schweren Karren gespannt werden
angeblich, um sie mit einer Arbeit zu Gunsten aller und ihrer selbst zu beehren
auf dass sie mit langen Arbeitstagen zu sich selber finden
um nicht in Langweile, Einsamkeit und Trübsal seelisch zu erblinden
denn Achtung resultiere aus gemeinsamer Erwerbsarbeit
als Sinn für eine ganze Lebenszeit
- also hast du mit dieser Behauptung bisher viel Geduld gehabt
wurdest du auch von den Vermögens- und Imagegelüsten Mächtiger reichlich geplagt
die in einer „Gemein-Schaft“ zuerst sich selber sehen und sahen
und dafür sorgten, dass sie in ihrem Luxus möglichst fern von dir waren
weil sie den Sinn einer Arbeit als Beitrag zu ihrem Profit verstanden
und dich gerne - mit ihren Gehilfen und Politikern - abhängig an sich banden
auch wenn sie sich von jeher sich abkapselten oder hinter Luxusmauern verschwanden
damit die Gemeinschaft nicht sah, wie die Früchte gemeinsamer Arbeit in wenigen Taschen
versanden
denn natürlich haben die weniger Leistungsfähigen Zeit Lebens auf eine gleiche Würde zu
verzichten
und ihre Arbeit gegen oft kargen Lohn mit wenig Vermögensaufbau zu verrichten
oder sie werden über hohe Wohn- und Lebenskosten und Sozialabgaben zurück gepresst
bis es sich von den Vermögens-Mächtigen über Zinses-Zins selig leben lässt
da für diese der angeblich schöne Sinn täglichen Zwanges nicht gilt
dass ohne Arbeit und Abhängigkeit ein Leben keinen Sinn enthält
- und deshalb dürfe auch ein leistungsunabhängiges Grundeinkommen nicht sein

doch das gelte bitte nur für die ohne größeres Vermögen allein
während die fetten Erben weiter über einen Arbeitszwang als Sinn schwadronieren
um ohne den Existenzdruck Schwächerer nach einem satten und freien Leben gieren
durchaus auch mal mit einer Spende für die Gemeinschaft
die man ja so gerne an seiner Seite hat
- aber bitte nicht als seinesgleichen
denn soweit soll eine gleiche Würde der Menschen nicht reichen.

Kränkung als Gesellschaftsmodell

Manche Reiche klagen und maulen
und belehren „Niedrigere" moralisierend und jaulen
während die meisten Missachteten schweigen
und sich betreten fügen oder still leiden
statt sich zu erheben und um ihre Rechte zu raufen
und nicht zu resignieren und ihren Kummer runter zu saufen
während Mächtige die Gerechten ins Leere laufen lassen
bis sie erschöpft sich abwenden und müde rasten
wofür sie dann ebenfalls geringgeachtet werden
auch wenn sie den Mächtigen weiterhin den Luxus mehren
- und das ändert sich wohl nie?
Oder doch? Wann, wo und wie?
Denn wann werden Gier und Eitelkeit von Mitgefühl und Vernunft verdrängt?
Wann wird es geschehen, das Macht, Reichtum und Eitelkeit Schwächere nicht mehr kränkt?
Und wann hört es auf, dass jemand scheinheilig quakt, eine breite Ungleichheit sei recht?
Warum wird den so Täuschenden bei ihrem verächtlichen Gerede immer noch nicht
schlecht?
Und wann endet das Gerede, für die Schwächeren falle vom Kuchen schon „genug" ab
denn sonst werde „die Gesellschaft" als Ganzes weder glücklich noch satt?

Weit

Du fühlst dich Tag gehetzt und getrieben?
          So halte inne, um zu den Sternen aufzusehen und zu lieben.
Doch überall ist ein raffen, täuschen, lügen und sich abwenden?
          Erinnere dich, wie gut es sein kann, nimmt man sich bei den Händen.
Doch es enden nicht Unterdrückung, Geltungssucht und Eitelkeit?
          Es bleiben immer noch Momente der Liebe und sanften Geborgenheit.
Aber all die Gleichgültigkeit, das Herabblicken, Ausnutzen und Erkalten?
          Dann mobilisiere umso mehr deine Kraft einander in den Armen zu halten
denn nur so findest du Frieden in der Sinn- und Besinnlichkeit:
          Der Weg zum Herzen ist stets mühsam – und für manche/n zu weit

zumal viele reden, dass ohne „harten" Wettbewerb eine Gesellschaft in Liebe und Teilhabe
„erlahme":
Und das wäre für die Gewinne und Kapitalien der Reichen schade.

Zum Vergnügen der Reichen
Ist es Gefühlskälte oder Dummheit
in der manche/r so ausgeprägt verweilt
weil er/sie zu den Starken oder reichen Erben zählt
und im eigenen Luxus andere mit Geringschätzung und Ausgrenzung quält?
Oder ist es „normale" Gemeinheit, die Nöte anderer nicht sehen zu wollen
und auf den Schwächeren und deren Enttäuschungen herum zu tollen?
Denn wie viel Gleichgültigkeit und Niedertracht ist es die man braucht
dass man für den eigenen Vorteils andere zurücksetzt und zusammenstaucht
und sich - wenn auch nicht immer billig - die begabtesten Abhängigen einkauft
dass diese Diener-Clique sich krümmt, Werte verdreht und rauft
und die Schwächeren unten hält und ihnen sagt, es sei ihre eigene Schuld
denn unter Tieren sei es ebenso: Dass der Unterlegene sich beuge und diene voll Huld
weil nur der Wettbewerb zwischen Starken und Schwachen die Chancen „richtig" verteile
auf dass der Schwache als billiger Untertan hilfreich unten verweile
und sich nicht zu sehr um Geld und Geltung streite
- weil das Vermögenden wenig Vergnügen bereite.

Ein Tag
Ein Tag wie viele: Da sind zu viele Arroganten
        die nur sich in ihren Spiegeln sehen
zu vielen Verletzten, Verstummten und Leisen
        über die Mächtige gleichgültig hinweg gehen
und zu wenig durch Mitgefühl und Herzlichkeit Weisen
        - denn erst sie sind es, mit denen wir uns in einem wunderbaren Tanze drehen.

Erkenntnis
Du willst dich mit Ruhm, Macht und Ansehen besonders verzieren?
Dich über andere erheben und brillieren?
Ganz oben über und auf anderen stehen und nie verlieren?
Dir sollen Anerkennung, Eitelkeit und Macht gehören?
Doch so manche/r erkennt nicht mal mit dem letzten Atemzug
all diese Illusionen und den Selbstbetrug.

Schau dich um

Ihr Hund darf noch schnell eine Maus zerbeißen
ihre Katze ein Vögelchen vergnügt quälen und zerreißen
der Mann oder die Frau noch eine verletzende Bemerkung sagen
einander mit Launen und stummer Verachtung plagen
oder sich vor Anderen übergroß projizieren
um sich in Überheblichkeit zu suhlen und eitel zu stilisieren
oder um die Menschen herablassend in Große und Kleine einzuteilen
und sich selbst zu den Besten und Tollsten einzureihen
um sich wie eine gepuderte Wildsau zu gebären
oder wie ein/e König/in zu stolzieren und sich lackiert zu präsentieren
sich über andere zu erheben und ach so interessant zu parlieren
und mit eitlem Selbstlob zu verzieren
liegt die Leistungsfähigkeit auch vornehmlich zwischen den Beinen
gepaart mit der Unfähigkeit anderen Achtung zu zeigen
denn Mitgefühl erscheint vielen als ein sich verneigen
was sie nicht können, weil ihre Seelen dafür zu klein und schwach sind
fürchtend, das mit Demut und Mitgefühl ihre Größe entschwind'
- übertrieben sei die Beschreibung, denn es gäbe nicht was ich meine?
Schaut dich um: Kennst du wirklich keinen und keine
welche/r der Beschreibung entspricht
als ein mit schönen Worten und Gehabe geschminkter Wicht?

Kapitalisten, Ökonomen und Politiker

Die Macht von großem Kapital
ist: Es definiert die Chancen Schwächerer ohne Fluchtmöglichkeit und Wahl
denn über Güter-Allokation vermag die Ökonomie zwar viel „wertfrei" zu reden
hinsichtlich der Einkommensverteilung lässt sie die Suchenden aber im Regen stehen
schwadroniert gerne über vollkommene Konkurrenz und kontrollierte Wirtschaftsmacht
von perfekten Märkten mit gleichen Startchancen – ein Blödsinn, über den man besser lacht
denn es werden Probleme weg definiert, damit das Publikum beruhigt auf einfältige Sätze
stiert
auch wenn die herbei fabulierte Welt für jene ohne ererbte Wirtschaftsmacht nicht
achtungsvoll funktioniert
und doch hört die Welt den so fantasierenden Predigern lange und geduldig zu
und findet dabei viele ausgeschmückten Märchen von Würde und Chancen – aber keine Ruh'
denn die Ökonomie und ihre bezahltes Applaudierer sehen nur Visionen - nicht das reale
Stück
hoffend, aus dem naiven Glauben erwachse der Gehorsam und der Fügsamkeit Glück
und der Mensch ginge vollkommen in Marktgläubigkeit und duldender Arbeit auf

kurzum, die Schwachen fügten sich still in der Mächtigen Lauf
ohne genauer über deren und ihre Ziele und Realität nachzudenken
damit sich die Vermögenden weiterhin auf dem Buckel anderer reich beschenken
und die Diener ihr Leben für deren maximale Rendite brav weiter vergeuden
wofür sie ihr eigenes Leben möglichst freiwillig beugen und teils verleugnen
„unterstützt“ von Politikern, die einseitig das Groß-Kapital schützende Gesetze verteidigen
und dabei oft vergessen, wie sie Würde, Achtung, Herz und Verstand beleidigen
weil sie nach dem Sinn der Gesetzte für Schwächere nicht mehr fragen
und damit zu einem oft niederträchtigen Sumpf beitragen
in dem Menschen degradiert werden zu einem „arbeitenden Kapital“
gehorsam, still und mit möglichst wenig Wahl
auf dass der Kapitalertrag hoch bleibt und keine Löhne anhebt
und mancher Kapitalist und Politiker weiterhin über anderen Menschen schwebt.

Verdrängte Einsicht

So manches „Ich“ macht sich unangenehm breit
erträumt sich himmlische Größe und Herrlichkeit
und begnügt sich nicht mit seiner kleineren Einmaligkeit
und seiner zu erarbeitenden Liebe und Liebesbedürftigkeit
sondern donnert wie eine Lawine über das eigene und fremde Leben
um am Ende zu sehen: Es ging bergab und zudem daneben
denn diese Herrlichkeit lebte nur davon, dass man andere übersieht
und so vor der eigenen Realität ein Stück entflieht
hoffend, dass es einen bis zuletzt nicht lehrt:
So zu leben war selbst-betrügerisch und gegenüber anderen verkehrt
- weswegen dann so mancher umso lauter über seine Größe spricht
denn anders erträgt die oder der das missglückte Leben und die verdrängte Einsicht nicht.

Naive Ökonomen

Errechnen Ökonomen Gewinne auch mit Akribie und Fleiß:
Für die Missachtung der Schwächeren kennen sie keinen Preis
denn selbst der „freiwillige“ Verzicht ist oft verletzend erzwungen
und missachtete Interessen bleiben stets Unrecht – ist der Gewinn auch gut gelungen
den man sich nie durch die Geringschätzung Schwächerer redlich erkaufen kann
sondern kompensieren muss – doch dass vergessen Ökonomen dann
womit der Ökonomie eine entscheidende Grundlage fehlt
- was sie aber meist mit ablenkendem „Fortschritts“- Gequatsche übergeht
allenfalls redend, es ziehe doch die Schwächeren mit
doch die absoluten Unterschiede wachsen – und kein Mächtiger gibt naiven Ökonomen einen
Tritt.

Zu sich finden
Mit falschem Schein
verächtlich und gemein
beiseite gedrückt und ausgegrenzt
ist für so manche das Sein rücksichtslos begrenzt
und Menschen versinken in sich verloren allein
- wie finden diese Menschen je zu sich heim?
Doch vielen ist es nicht gleich anzusehen
wie sie mühsam Schritt um Schritt irgendwie weiter gehen.

Kamst du an?
Kamst du dort an wo du hin wolltest?
Oder geschah es zu oft, dass du irgendwo einen Abhang hinab rolltest
weiter gespült, gefangen oder einfach übersehen
ohne eine Antwort auf die Frage: Wohin will und darf ich gehen?
Erzählte man dir auch die Lüge: Jeder sei allein seines Glückes Schmied?
Frei von Ererbtem und Vorgegebenem – kein eingespanntes Kettenglied?
Haben sie dich mit so raffinierten Dummheiten stumm gehalten
um dich zu ducken und gefügig zu verwalten?
Wie z.B. jener: Nicht jeder könne oben sein
- also sei ein gehorsamer Diener und mache dich klein?
Oder haben sie lächelnd und unverblümt deine Abhängigkeit ausgenutzt
und dir klarsehend für ihren Reichtum deine Flügel gestutzt?
Warst du also was du sein solltest
und mit anfänglicher Zuversicht auch noch sein wolltest?

Alphatier
„In dieser Firma gehört alles mir"
so spricht manch reiches menschliches „Vermögens-Alpha-Tier":
„Denn ich habe die Macht über euch durch mein Vermögen
also seht in mir euren persönlichen Segen
denn ich schenke euch die Möglichkeit für mich zu arbeiten
und mir die Freude des Reichtums und euch eines Lohnes zu bereiten
doch der Gewinn steht zu aller erst mir zu
für meine Fähigkeiten, meinen Glanz – also gehorcht und gebt Ruh
selbst dann, schmeiße ich euch auch bei Rendite-Schmälerungen aus der Firma raus
denn das ist der freien Wirtschaft die Voraussetzung für meinen anhaltenden Festtags-
Schmaus

zudem würde zu viel Mitgefühl euch faul machen und „unser aller" Wohlstand annagen
also braucht es permanente Existenzdrohungen für euch – mehr ist nicht zu sagen
denn die Macht und die Firma gehören alleine mir:
Ich bin euer Vermögens-Alphatier"
Doch all das hat er nie ausgesprochen
denn das hätte die täuschende Fassade durchbrochen
und er war sich auch nicht sicher: Folgten manch andere „Große" nicht einer würdevollen
Bestimmung?
Dann hätte er deren Achtung verloren – also verschwieg er Zeit Lebens seine wahre
Gesinnung.

Immer wieder
Frieden entsteht unter sanften Händen
durch einfühlsame Worte und Augen
wie auch mit den richtigen Betonungen und Worten
oder einem verstehenden Schweigen
denn so kann ein Frieden sanft liebend rinnen und gewinnen
- doch muss man damit täglich immer wieder neu beginnen.

Manchmal Tiere
Jedes Leben ist eine Entdeckungsreise
auf eine jeweils einmalige Weise
immer wieder neu erfunden und erschaffen
bis der Zeit Schlaglöcher tief klaffen
auch wenn manche Pläne für ein Paradies reichen
oder manche einer Hölle aus Egoismus gleichen
sobald Menschen nur sich selbst noch sehen
und damit wie Tiere durch das Leben gehen.

Schweigsame Politik
Andere durch verschweigen unwissend zu halten
ist eine ganz besondere Übung im politischen Walten
denn es schafft den Privilegierten so manches dauerhafte Versteck
und ist deshalb eine Strategie von besonderem Dreck
denn sie ist nicht zu erkennen und darum auch nicht weg zu fegen
ist als stummer Betrug nicht mal zu sehen
und so können die Betroffen sich nicht wehren
während die Verschweiger ihre Pfründe mehren
gerne verpackt mit der Phrase: Man wolle niemanden erschrecken

und würde also zum Wohle der Betrogenen Wahrheiten verstecken.

Gutmensch

Weil mancher Politiker mit Gerechtigkeit und Mitgefühl überfordert ist
und deshalb lieber für sich selbst den Begriff des „Bösemenschen" übriglässt
oder der Begriff „Wutbürger" als Abwertung der zu Recht Ungeduldigen in Mode kommt
weil so mancher Politiker lieber andere abwertet und selbst in Gleichgültigkeit schwimmt
und reichlich Untätigkeit, Verschleierung oder Unfähigkeit zeigt
kann ich nur staunen wie geduldig so mancher Mensch bleibt
und dann auch noch einen Politiker wählt
die seine Verachtung für „Gutmenschen" frei heraus erzählt
um sein erschöpftes Gewissen etwas still zu halten
und feige oder scheinheilig die Hände zu falten
- denn welchen Sinn macht es sonst andere als „Gutmenschen" zu schimpfen
wenn nicht, um nicht über sich selbst als das Gegenteil die Nase zu rümpfen?

Das will man nicht glauben

All das Böse und das Ende will man nicht glauben
denn es kann einem alle Zuversicht rauben
weshalb man sich schon mal der Vision zuwendet
dass uns vielleicht doch etwas mit einer Unsterblichkeit und ewigen Gerechtigkeit verbindet
in der Hoffnung, die Welt möge sich danach verhalten
damit wir nicht missachtet leben müssen bis wir erkalten.

Verdiente Kommentare

Vielleicht sollte ich heute mal zum Giftzwerg mutieren
und einige Menschen – etwa Politiker oder „Wirtschaftsbossen" – mit verdienten
Kommentaren verzieren
etwa, wie sie vor Gehabe, Belehrungen und Dümmeleien oft muffeln und stinken
in ihrem Egoismus und ihrer Überheblichkeit menschlich schrumpfen und sinken
Menschen täuschen und einlullen, die Welt sich schönreden und der Eitelkeit frönen
andere niederdrücken, übergehen und auch noch mit kleinen Gesten verhöhnen
dabei die Nummer vom mitfühlenden und voraussehenden Erzieher geben
um ihren eigenen Vorteil reichlich beiseite zu legen
- doch nein, ich werde mir diese „Giftzwerg-Nummer" ersparen
sie haben sich längst abgekapselt und meine Beachtung sollen sie nicht auch noch haben
denn sie können sich auf ihre Geldmacht und Politiker zuverlässig verlassen
und die Schwächeren müssen still sein, dulden und alles beim Alten belassen.

Sollte - wollte

Im nächsten Leben
werde ich mir mehr Zeit nehmen
um dich an mich zu drücken und zu verwöhnen
und uns mit der Welt zu versöhnen
wenn wir sanft wie zwei Bäche ineinanderfließen
sobald wir uns in die Arme schließen
      und im nächsten Leben
      werde ich mehr zuhören und mehr sehen
      wie Menschen zu Frieden und Sanftheit kommen
      und Herzen sich einfühlsam und offen gewinnen
      ohne sich arrogant, verlogen und überheblich zu verletzten
      und Schwächere zu drücken und zu hetzen
und im nächsten Leben
werde ich versuchen souveräner zu werden
mich weniger vom Machtgehabe einschüchtern zu lassen
um noch unerschütterlicher nach der Humanität zu fassen
und all den Egoismus und die Gleichgültigkeit mehr zu vertreiben
zu denen nun mal viele berechnend, bequem, kalt oder dumm neigen
      und im nächsten Leben
      werde ich mich dir leichter geben
      und nicht warten, bis du mich an dich ziehst
      sondern auf dich zugehen das du mich liebst
      und ich werde dadurch die schönsten Abenteuer finden
      bis die Lebenskräfte schwinden
- doch sollte sich ein nächstes Leben
nicht so recht ergeben
bleibt bis dahin als kleiner Trost diese Träumerei
denn durch sie sehe ich etwas klarer und frei
bedenkend, wie das Leben sein sollte
wenn es so wäre wie man es mit Einsicht wollte.

Raffiniert roh

Vielversprechend sah seine Lebensvision aus
doch ihm begegneten viel Gemeinheit und Graus
durch herzlos und macht-lüstern Belehrende
gut versteckt herablassend Wegsehende
womit er eine Duldung oft nur erlangte
wenn er gehorchte und wenig verlangte
wissend, Mächtige würden ihm rasch subtile Ketten anlegen

sollte er nach wirklich gleichen Chancen streben
auch wenn er täglich und klarer sah
dass für Schwächere durch die reale „Ordnung" viel Unrecht geschah
weil eine Tür laut oder leise zufiel oder eine Wand ihm im Wege stand
für die sich trotz Fleiß und Mühen kein anderer Weg darüber oder darum herum fand
bis er stumm akzeptierte: Vieles war für ihn von Anfang zu fern und aus
und er kam in dieser „Ordnung" aus diesem Warteraum des Lebens nicht mehr heraus
doch hat er das alles erst spät durchschaut:
denn er hatte den Spruch „es ist deine eigene Schuld" zu lange geglaubt
weil viele andere sagen, dass Leben sei nun mal so
um zu verschweigen: Menschen sind gegenüber Schwächeren oft auf raffinierte Weise
anhaltend roh.

Wonne

Manche sind darin geübt Ratschläge wie Messer einzusetzen
und über andere wie ein kleiner Gott zu Gericht zu sitzen
indem sie permanent „gut gemeinte Tipps" geben
um sich selbst zu erhöhen und anderen Würde zu nehmen
wobei sie noch protzend von ihrer „Leistungsgerechtigkeit" reden
um Leistungsschwachen Gerechtigkeit zu nehmen
denen das Pech weniger tolle Gene und förderliche Umgebungen gab
womit ihre Benachteiligung oft lebenslang zementiert ward
- also suhlen sich viele in ihrer Erhabenheit und „freien" Marktwirtschaft
weil das für sie Achtung und für Schwächere Missachtung schafft
was man ja „leider kaum ändern könne":
Was ist eine solche Angeberei doch für eine Wonne.

Produktionsfaktoren

Nur der möglichst schutzlos flexible Arbeitnehmer
ist ein geduldeter, weil wehrlos-nützlicher Diener
denn wenn er recht schnell weggeschmissen werden kann
ist er ohne größeres Risiko für guten Zins und Gewinn
damit die finanziell Schwächeren die wirtschaftliche Unsicherheit tragen
denn sonst könnten Kapitalgeber nicht länger warm in Geld und Ansehen baden
Weine, Autos, Immobilien, Länder und Menschen kaufen
um sich wie Gockel zu zieren oder wie Platzhirsche/-kühe zu schnaufen
in sich verliebt und andere je nach Nutzung als Produktionsfaktor weggeschmissen
- so ist die „freie" Marktwirtschaft für viele Reiche ein nettes Ruhekissen
mit einer ganzen Armee von Geduckten, die sie tragen und verteidigen
um sich selbst ein bisschen zu erhöhen und nicht durch die Berührung Niederer zu beleidigen

wofür sie in das Geschrei um möglichst flexibel austauschbare Arbeitnehmer einstimmen
um eitel – wenn auch geduckt – neben den reichen Fettaugen mitzuschwimmen.

Käfighaltung
Angeben, raffen und gieren
vermag die Welt nicht zu verzieren
und ist dennoch weit verbreitet
weil so manche/r gerne auf dem Rücken eines Mitmenschen reitet
und ihn die Last und Gedrücktheit des anderen nicht stört
wobei er /sie sich sagt: „Die Welt ist eben immer verkehrt
zumindest für die Schwächeren - für mich ist sie richtig
wenn andere weniger haben? Das ist mir nicht wichtig
denn damit müssen sich „Kleinere“ eben abfinden
eine gleiche Achtung und Würde? Das würde meine Überlegenheit unterbinden
- und dass ich deshalb gleich einem Tier Erkenntnis-unfähig sei?
Ein jeder lässt doch gerne das Tier in sich frei.“
Das alles erfahre ich täglich und denke mir:
Da hat eine/r das Hirn von einem Huhn oder Stier
womit so ein Menschen-Tierchen eigentlich in einen Käfig gehört
damit es die Schönheit und Würde des Lebens nicht stört.

Am Rand
Freude ward nie als sicher versprochen
denn wer dem Kapital nicht gehorcht wird manchmal gebrochen
und mancher Aufrechte muss wegen seiner Weisheit kriechen
sich beugen, entbehren und seelisch siechen
 - denn mehr ist für viele Menschen nicht vorgesehen
die am Rande stehen.

Zufall
Vermögend möchtest du werden?
Klüger, schöner, souveräner?
Doch Gott schaut nur ungerührt zu
denn nichts stört des Himmels gleichgültige Ruh
wenn ein Leid viele Menschen zerschlägt und frisst
- so hoffe ich, dass du ein vom Zufall Begünstigter bist
denn nichts anders bleibt dir oft auf Erden
um vermögend, schön oder besonders klug zu werden.

Ordnung

Zu dienen ist deine Rolle?
Denn der Geld-Adel hat eine scharfe Kralle
die jeden packt, der sich ihrer Ordnung nicht beugt?
Nicht den großen Vermögen höchste Achtung bezeugt?
Weil Gesetze der Oberschicht gegen die Bedürfnisse Schwächerer Recht geben
um Vermögenslosen haltbare Ketten anzulegen?
Denn solltest du gleiche Würde und Freiheit einfordern werden sie dich mit Advokaten
packen
und dich wie Schwachsinnige oder Diebe bei Seite drücken
denn dann soll dir ob deines Ungehorsams die Selbstachtung vergehen:
Hast du denn nicht gelernt, zum Vermögensadel aufzusehen?
Also hast du die kalte Ordnung zu akzeptieren
um den Club der Vermögens-Mächtigen nicht zu stören
weil dein geducktes Verhalten vielen Geld-Mächtigen besonders passt:
Also schweige weiter und gehorche, denn sonst bist du „dem System" rasch verhasst.

Lebensraum

In irgendeiner Falle sitzt jeder Mensch
denn er entkommt nicht seinen Genen und einer ihn prägenden Umgebung, ob nett, ob falsch
ob fehlerhaft, mittelmäßig oder inspirierend gut
ob es ihn später freut oder er kocht vor Enttäuschung und Wut
weil ihn andere kaum achten und übergehen
und in ihm nicht mal ihn selber so recht sehen
wobei viele kaum Mitgefühl für verengte Lebensräume zeigen
und somit verdrängen: Jeder muss weitgehend in seinem Raum bleiben
worunter so manche lebenslang leiden
und viele sich abwendend schweigen
sogar die Betroffenen selbst, denn sie wollen nicht als schwach dastehen
könne sie auch nie wirklich aus ihren beengten Räumen raus gehen.

Halt

Elend ist die Welt
wenn man sich selbst oder anderen nicht gefällt
und wenn die Schwäche oder Missachtung einen nicht mehr tief atmen lässt
man gedrückt und kaum beachtet glaubt, dass man nicht in dieses Leben passt
und doch den Planeten oder Kopf und Körper nicht wechseln kann
unausweichlich zusammen gepresst unter einem schäbigen Bann
wobei nicht mal hilft, ob man zu viel - oder zu wenig - getrunken hat:

Manche Tage hängen schwer an einem, bis man hungrig und matt
an Wünschen reich und von ihnen doch niemals satt
die Seele vernarbt und nur das Gesicht oberflächlich glatt
sich an netten und sicheren Visionen schwindelig dreht
dass man den Druck nicht mehr so spürt unter dem man steht
gewachsen aus eigener und anderer Unzulänglichkeit
kaum zu ertragen in der eigenen Verlorenheit
ohne es abzuwenden und fröhlich-leicht zu bestehen
um sich nicht von sich selbst ganz abzudrehen
- so treibt es viele elend und mühsam durch die Welt
bis sich so mancher selbst entlässt, weil ihn / sie nichts mehr hält.

Vom Anblick entzückt

Manche reden: Jeder sei seines Glückes Schmied
- auch wenn es für Ihn oder Sie von klein an reichlich Probleme und Unzulänglichkeiten gibt
und man sich weder seine Gene noch Eltern aussuchen konnte
und auch sonst leider keiner mit reichlich Geld einen wollte
- und doch erzählt so manche/r leichtfertig, dass man alle Möglichkeiten in der eigenen Hand
habe
trotz der täglichen Spirale von Misserfolg und Rückzug – denn jeder verfüge doch über eine
gleiche Gabe
und vor allem ein gutes geduldiges Herz – damit kein „Neid" die Starken behellige
und ihnen ihre Macht über andere eindelle
denn dass die Schwächeren mehr wollen sei für „alle" gefährlich, egoistisch und schlecht
und dass die Reichen alles haben, vererben und noch mehr bekommen sei eben zum Wohle
aller recht
wo ein „effektiver" Wettbewerb die Schwächeren oder Erblosen aussortiert
damit der Schwache den Starken volkswirtschaftlich nicht stört
denn es sei doch klar: Jeder sei gleich frei und mithin seines Glückes Schmied
und wenn jemand nicht oben lebt, beweise dies eben, dass er nach unten gehört
und würde ihm oder ihr das nicht passen könne er ja verschwinden - oder glauben
der Tod würde ihm einen tröstenden Eintritt in einen Himmel erlauben
und also suche der Schwache in einer Religion oder einem Hobby seinen Frieden
Hauptsache, er ist ruhig, still, gefügig und duldsam geblieben
und habe stets stumm und dienend aufgeblickt
von den starken Schmieden ihres Glückes entzückt.

Kluge Narren

Hast du dich heute schon zum Narren gemacht?
Mutig gegeben und mühsam ein Feuer für andere entfacht

während andere nur zusahen wie du dich mühst
und die Register deines Könnens oder deiner Zärtlichkeit ziehst
um dir und anderen eine kurze Anerkennung und Bleibe zu gewähren
selbst wenn sich andere kaum um dich und andere scheren?
Wie oft machst du dich sehend und wissend zum Narren
gespannt vor einen polternden Karren
mit Hoffnungen, wo wenig Hoffen ist
oder eine Gleichgültigkeit Menschen frisst?
Wie gut hältst du also Herzen fest und warm
und nimmst auch gering Geachtete in den Arm
voll Mitgefühl für ihr Verlangen
ihr Schweigen und Bangen
damit Seelen – auch du - nicht frieren
und sich verlieren?

Sturer Stolz

Von niemandem so recht anerkannt
hat es ihm/ihr die Seele nach und nach verbrannt
und mit der Zeit der Achtung beraubt
um Freude, Zuversicht und Leben beklaut
so begannen Wut und Selbstverachtung in ihm/ihr zu kochen
ohne dass schöne Visionen dies abzuwehren vermochten
womit sich ein Hass auf Andere stumm ausbreitete
welcher der Seele noch mehr Schmerz bereitete
und eine Befreiung? Ein Frieden?
Der war ihm/ihr bis zuletzt nicht gegeben
denn niemand anerkannte ihn/sie so recht
und so blieb ihm/ihr nur ein sturer Stolz, damit das Herz nicht zerbricht.

Giftzwerg

Vielleicht sollte ich mal zum Giftzwerg mutieren
um manche Leute – gerne Politiker und Wirtschaftsbosse – mit verdienten Kommentaren zu verzieren
und auszusprechen, welche vor überheblichen Belehrungen und Dümmeleien stinken
weil sie Egoismen über alles stellen und damit in moralisierenden Sumpflöchern absinken
und sich die Welt mit einem „guten Wettbewerb der Starken gegen Schwache" ihrer Kurzsichtigkeit frönen
während sie viele Menschen niederdrücken, übergehen und im Ergebnis verhöhnen
dabei das Schauspiel von der vorausschauenden „Führungsfigur" geben
um ihren eigenen Vorteil und den ihrer Geldherren reichlich zu hegen

und sich dabei ganz ungeniert auf die Ehrbarkeit und Geduld anderer verlassen
um die Machtstrukturen und Vorteile wie gehabt bei sich zu belassen
- doch nein, ich werde mir das mit dem Giftzwerg ersparen:
Eine solche Achtung durch Beachtung sollen sie nicht erfahren
zumal sie locker das verbale Schwert eines „du Neidling" niedersausen lassen
um sich nicht mit ihrem Unrecht zu befassen.

Tier
Du stehst vor mir an die Türe gelehnt
und fragst, warum sich die Politik oft so wenig schämt
denn Du hast nie akzeptiert
wie eine Mehrheit zusieht, wie manche Seele „übersehen" friert
wegen ihrer Schwäche weggestoßen, ausgegrenzt und missachtet
ausgenutzt und mit beschämenden Arbeiten befrachtet
- so stehst du vor mir an einen Türrahmen gelehnt
und ich kann dir nicht sagen, warum sich der reiche Teil der Gesellschaft oft nicht mal
schämt
wo ihr Reichtum die Armut der Schwächeren ist
und der Starke dem Schwächeren die Chancen wie ein Tier wegfrisst.

Unangemessen
Es war eine Erkenntnis wie aus einem Guss:
Sie (er) war eine dumme Nuss
andere missachtend nur sich selbst hochhebend
andere und sich betrügend
aufplustert in eitler „Erhabenheit"
bei jeder sich nur bietenden Gelegenheit
lästig besser-wissend, raffiniert oder peinlich - doch nicht dumm
so nahm sie die Souveränität der Anderen diesen krumm
und wenn Anderen eine nette Geborgenheit glückte
war dies in ihrem Neid nichts, dass sie entzückte
weshalb sie sich selbst heraushebend meckerte wo es nur ging
nein, sie war sich selbst kein rechter Gewinn
zumindest nicht, wenn sie nicht „über" anderen stand
auch wenn das sonst niemand zutreffend fand
- und so ging ihr Leben unzufrieden vorbei
niemals mit sich richtig sanft, leicht und frei
was sie aber bis zuletzt nicht so recht verstand
weshalb sie das Leben immer ihr irgendwie als unangemessen empfand.

Fisch am Hacken

"Rücke mir nicht auf die Pelle"
sprach zum Fischer die Sardelle
doch der hatte sie schon gefangen und bald ausgenommen und gegessen
und die Sardelle war bis auf einen Nachgeschmack vergessen
woran man sieht: Lasse dich nicht zu leicht fangen
denn sonst wirst du hilflos an einer Angel hängen
und einem Ende entgegen zappeln und gleiten:
Nur um anderen Leuten einen Genuss zu bereiten.

„Uneinsichtig"

Eine sanfte und bewegende Zeit
voller Sinnlichkeit und Geborgenheit
in liebevoller Runde
- wäre dafür nicht jeden Tag die rechte Stunde?
„So träume weiter" wird mir da entgegengehalten
und: „Das schaffen weder die Jungen und nicht mal die erfahrenen Alten".
Doch auch wenn es sich zu viel um Geltungssucht und Egoismus dreht
so weiß ich doch, dass solches nur als Dummheit im Buch des Lebens steht
weshalb ich die Ideale „uneinsichtig" weiter pflege
auch wenn ich täglich das Gegenteil erlebe
denn die Ideale sind für einen wahrhaftigen Geist die anzustrebende Realität
auch wenn so manche Politik daran blöde lächelnd oder mutlos vorüber geht.

Gestank

Die täglichen Fragen zum Wollen, Sollen und Dürfen
zum sich etwas zutrauen, verdrängen, loslassen und aufrichtigem prüfen
sind niemals abzulegen und manche Antworten so wechselnd wie flüchtig
also arbeitet ein Herz daran – will es zu sich ehrlich sein - jeden Tag tüchtig
weil es sonst in Eitelkeit, Egoismus und Überheblichkeit versinkt
und anderen gründlich stinkt
- wobei sich manche Stinker sich sehr gut an ihren üblen Duft gewöhnen:
An der eingebildeten Spitze der Menschheit hört man nicht, wie Friedfertige und Weise im
Gestank stöhnen.

Erhoffte Überlegenheit

Wie man sich selbst sieht ist bisweilen wie ein Wahn:
Man hält sich für ein besonders prächtiges Huhn oder ebensolchen Hahn
denn die Selbstsicht, so scheint es, ist bei so mancher/em stark überhöht

was die oder den Betreffenden zunächst nicht stört
es sei denn, sie lassen das eitle Huhn unbeachtet beiseite liegen
ohne es ehrfurchtsvoll anzusehen oder wenigstens über die oder den zu lamentieren
oder sie beachten nicht mal eine beanspruchte Macht, ein Prestige oder Geld
auf das man den oder die wenigstens für beruflich in „gehobener" Stellung hält
folgend dem äußeren Schein von Haus, Kleidung, Gehabe und Wagen
- mag so manche/r auch bei der Liebe oder Achtung Schwächerer versagen -
womit du resümierst: Das Leben folgt bisweilen dem Wahn
man selbst oder jemand anderes sei die tollste Henne oder ein Hahn
womit nur die Erkenntnis bleibt:
Der Stille hat oft mehr Würde – ohne anmaßende Überlegenheit.

Daneben

Ein Dasein um würdig zu leben und reich zu lieben:
Wie geht das bei so viel Gezerre ums Geld und lüsternen Geltungs-Trieben?
Was bleibt für ein Leben voll Achtung, Weisheit, Würde und Schönheit
bei so viel Dumpf, Überheblichkeit, Ich-Gehabe und Mitgefühllosigkeit
blind für die Rezeptur für ein aufrichtiges und schönes Leben
mit einem für einander achtungsvollem Geben und Nehmen
zerquetscht von Geltungssucht und Herzens-Dummheit
- dass aber mit viel Gewandtheit, Schlagfertigkeit und egoistischer Klugheit -
verbunden mit einem Gerede, für den Wohlstand müsse das so sein
und wer dagegen sei, der sei dumm, neidisch oder gemein
- doch das alles führt zu keinem wahrhaftigen Leben
denn ohne der Liebe Weisheit geht es gründlich daneben.

Unverändert

Du hast nicht viel zu lachen?
Und kannst dagegen wenig machen?
Denn du wirst übersehen und geringgeachtet?
Doch reichlich mit Pflichten und Gehorsam befrachtet?
Aber nach oben wirst du dennoch nie kommen?
Da haben andere mit viel ererbtem Geld Platz genommen?
Und wenn für dich trotz deines Könnens und Wissens oben kein Raum ist:
Erwarten nicht die Oberen, dass du dann wenigstens freundlich und stille bist?
Denn die Mächtigen wollen es so - dies sei ihnen und dir angemessen
als Untergebener solltest du dein Lächeln und Bückling nie vergessen
da dies deine einzige Chance für ihre kurze Anerkennung ist
weil du dann als Diener für sie gefügig und nützlich bist
- das sei keine Situation die dir gefällt?

Besser als nichts – denn sonst wird dir die Seele noch mehr eingedellt
auch wenn sie sagen: Das seien nun mal die Regeln ihrer Freiheit
zudem lebten wir heute in einer viel chancenreicheren Zeit
und kaum jemand blicke noch auf Schwächere und Ärmere herunter
doch schau nur: Äußerlich vielleicht – verdeckt sind die alten Rituale unverändert munter.

Stehen bleiben

Heute willst du nochmal mehr wagen
doch gerade heute geht es dir arg an den Kragen
auch wenn du dir sagst: "Heute will ich froh und kraftvoll leben"
doch gerade jetzt scheint eine Kraft- und Fantasielosigkeit an dir zu kleben
sogar wenn du beteuerst: "Jetzt soll für mich mal alles besser sein"
ist gerade jetzt jemand da, der schüchtert dich hinterlistig oder offen ein
und du bringst selbst obigen Satz kaum über die Lippen
möchtest den Tag am besten in den Mülleimer kippen
- aber du packst dich selbst wieder am Kragen
schüttelst dich: "Ich will leben und nicht klagen
denn ich muss und will noch weiter gehen
nein, ihr schafft es nicht – ich bleibe stehen"
- doch so mancher Mitmensch hat das vorsätzlich überhört
und sich nicht an der Geringachtung deiner Person gestört
denn so lange du es nicht politisch mächtig heraus schreist
sind da genug Leute, die gerne wegsehen, auch wenn dein Leben entgleist.

Narren

Da ist die Angst: Man macht sich zum Narren
denn man spannt sich vor den falschen Karren
und man rennt während andere ruhig sitzen
man ackert während andere genussvoll Herzen in Bäume ritzen
und die Angst stimmt: Denn ohne Vermögen und dessen Macht
überrollt dich leicht ein Karren, auf dem ein Stärkerer lacht.

Zufall und Unrecht

Unrecht basiert auf Willen
      Unglück hingegen auf Zufall
und ein willentlicher Egoismus ist oft nicht zu stillen
      aber ein hartes Schicksal gibt es auch als Dreingabe überall
wobei die Grenzen zwischen Zufall und Unrecht bisweilen verschwimmen
      von den Mächtigen und Reichen gerne verwischt und versteckt

auf dass sie immer mehr „wegen begründeter Sachzwänge" gewinnen
      damit es die Armut der einen und Geldmacht der andern bezweckt
und die Einen sich brav ducken und nicht mehr verlangen
      von dem Geld und der Macht der Anderen gefesselt und getrieben
mögen die Einen sich bücken, beugen, mühen und bangen
      Hauptsache, dass sie den Oberen mit ihrer Macht des Geldes weiter dienen.

Begleiter

Es gibt so manche Begleiter
die sind sehr treu, doch leider nicht heiter
in Form von Enttäuschung, Schmerz, Erschöpfung und Tod
und Besserwisserei, Eitelkeit, Geldmangel und anderer Not
nicht wegzustoßen und nicht abzuschütteln
versucht man auch noch so sehr daran zu rütteln
und so humpeln viele bedrückt durch ihr Leben
dürfen sich nicht aufrichten – oder können sich selbst kein feines Seelenleben geben.

Andere Welt

Was hat das Herz sich nicht alles erwählt
und sich selbst Hübsches erdacht und erzählt:
Dass du einst in einer Liebe geborgen sein wirst
und irgendwann nur eine mitfühlende Welt um dich ist
dass du Ansehen, Achtung, Geld und Mitgefühl genießt
und auch noch die Fröhlichkeit reich in dir fließt
doch: Was du einst hast so euphorisch erdacht
wird schnell und schnöde als Illusion verlacht
und der Vision schöne Laune
bekommt ganz kurze krumme Beine
- aber du hast dennoch weiter still gefleht?
Stolz getrotzt und dich im Kreise gedreht?
Jenes zurückgestoßen oder dieses übersehen
und langsam verfließend gelernt: So oder so wird es weiter gehen?
Doch im Stillen hast du dir immer wieder deine Vision gewählt
und dir von einer besseren, gütigeren Welt erzählt.

Nicht zu akzeptieren

Was ich nicht akzeptieren kann:
Das angeblich mit der Erkenntnis von Frau und Mann
vor Urzeiten die Vertreibung aus dem Paradies begann

nur weil mit einem sinnliches Erkennen Lust und Freude an Bedeutung gewann
und dass Menschen, die sich wirklich mit allen Sinnen mögen
fortan in Schweiß und Leid mit- oder nebeneinander leben
und dass Schwächere oft genau dafür verachtet werden
und Starke, die sich - statt dankbar zu helfen – über andere erheben
während sie die Schwachen noch tiefer stoßen und vergessen
statt sich von Mitgefühl und Verstehen leiten zu lassen
wo wehrlos Verletzte leiden und Gemeine lauter lachen
Geld, Prestige und Macht Verachtung entfachen
und Frau und Mann sich voreinander verstecken
statt einander so oft wie möglich zu entdecken
womit Freuden zu oft nur aus Fantasien entstehen
und die schönsten Momente wie ein Windhauch vergehen
während sich Menschen für ihre Unzulänglichkeit schämen
statt sich in den Arm zu nehmen - und sich zu versöhnen
- das alles sind Dinge die ich nicht akzeptieren kann
wo doch alles mit dem Erkennen der Liebe beginnt und begann.

Kleine Herzen
Die Erde ist ein Ort
an dem kommt man irgendwo an und geht auch von irgendwo wieder fort
weil Zufall, Zuneigung, Geld, Gleichgültigkeit und Vergänglichkeit regieren
voll Lust und Unlust – und hoffentlich mit der Kunst dies liebend zu verzieren
umgeben von Überheblichen, die den Zufall ihres Erbes für ihr Recht halten
und von Reichen und ihren Handlangern, die mit verschlossenem Herzen walten
während sie Schwächere bei Seite drücken
um sich an Ihrer Macht und ihrem Geld zu entzücken
einer Horde Tiere gleich, die dümmlich kauend die Missachtung nicht sieht
und mit ihrem Egoismus einer gleichen Achtung aller hartnäckig im Wege steht
hoffend, dass kein Gericht der Welt in ihre dummen kleinen Herzen sieht
damit ihnen nicht auch noch Recht geschieht.

Bauernschläue
Reue?
Die gehört für so manche Kapitalisten nur zur gut gespielten Bauernschläue
durchaus mal gerne zwecks Gewinnmaximierung vor Publikum inszeniert
wenn dieses mal wieder unter einer kapitalistischen Gemeinheit friert
wo der Gewinn Jahr um Jahr leider nur für ein neues Luxusauto und eine Villa reicht
weil das Fußvolk der Abhängigen doch immer nur der Faulheit zugeneigt herumschleicht
also sind Mindestlöhne schon zu hoch - es sollte doch viel mehr für einen persönlich sein

das habe man als Großer der Menschheit verdient – die anderen sind doch klein
denn als Kapital-König braucht man Menschen, über denen man steht
wofür es Recht ist, dass die Schar der Abhängigen einem möglichst wehrlos zur Hand geht
damit das Kapital nett und ohne Reue Ärmere und Schwächere knechtet
- du willst das ändern? Dann wirst du mit der Macht ihres Geldes von vielen Handlangern
geächtet
wofür sie vielleicht in Reden eine kleine Reue und minimales Verständnis zeigen
um weiterhin bauernschlau ihr Machtspielchen zu betreiben.

Wie oft hast du das schon erleben?

Weil zu viel Wut oder Geltungswahn in engen Herzen wildert:
Wie oft schon hat das eine mitfühlende Einsicht behindert?
Und weil Überheblichkeit und Egoismus die Würde niederzwingen:
Wie viel Angst und Missachtung dürfen eine Seele bedrängen?
Und weil eine Liebe erschöpft stolpert und gute Vorsätze vergehen:
Wie oft konntest du das alles schon sehen?
Und konntest doch nicht helfen oder entrinnen
sondern nur traurig oder still darüber sinnen?

Wie immer

Die Arbeit in manchem Ministerium
orientiert sich an einem Kriterium:
Es entspreche jede noch so dumme Phrase gehorsam einer C-Partei
damit einem Gruppenegoismus der Reichen und Starken ein Dienst geleistet sei
und besonders die Fragen der Armut und Missachtung ruh'n:
Dafür ist politisch viel lautes Nichtstun zu tun
vorgetragen mit platten Sprüchen
und ethisch verdorbenen Gerüchen
den Schwächeren zum einschläfern hingerotzt
dass es vor banaler Gleichgültigkeit strotzt
damit man dem Anschein einer christlich sich nennenden Partei genügt
und doch nur über Opportunismus und Egoismus verfügt.

Wolfsrudel

Auch wenn es nur ein Glaube wie jener des Ikarus ist
über den man ungläubig staunt – und ihn doch nicht vergisst
so ist es der, sich frei und liebend zu erheben
um als Seele oder Körper schwerelos zu schweben
die Flügel und Federn nicht aus- oder eingerissen

weder die Liebe, Fantasie noch Kraft oder Mut verschlissen
auch wenn täglich Menschen gleich Wölfen Schwächere hetzen
um sie aus Macht- und Geltungssucht einzupferchen und zu verletzen
damit die Unterlegenen den Herrschern die besten Happen bringen
auch wenn sie täglich mit Erschöpfung und Unterwerfung ringen
was übrigens in einer Marktwirtschaft mit großer Vermögensvererbung am besten gelingt
weil es alle Eigentumsarmen lebenslang zu Arbeitssklaven zwingt
wofür man ihnen kleine Stücke des „Volksvermögens" hin schmeißt
gerade genug, dass keiner von unten ernsthaft nach den Oberen beißt.

Gruppen

Unrecht basiert auf herzlosem Willen
        Unglück hingegen auf purem Zufall
doch häufig ist beides: Denn dümmelnder Egoismus ist nicht zu stillen
        und ein herzloses Schicksal gibt es fast überall
womit die Grenzen von Zufall und Unrecht manchmal verschwimmen
        von den Mächtigen und Reichen als Vertuschung gerne bestärkt
auf dass sie immer mehr und weiter „aufgrund von Sachzwängen" gewinnen
        mit der Armut der einen und Geldmacht der andern – möglichst unbemerkt
dass die Einen sich brav ducken und nicht mehr verlangen
        vom Geld und der Macht der Oberen gefesselt und getrieben
mögen die Einen sich bücken, beugen, mühen und bangen
        Hauptsache, dass sich obere Gruppen in reicher Sicherheit wiegen.

Schreie

Hätten alle bis heute Misshandelten
wenn sie nach dem Leben noch wandelten
eine Seele und Stimme
in ihrem Sinne
so wäre deren anklagen, schreien und rufen
wie das Trampeln von Milliarden Hufen
als eine unfassbar mächtige Lawine aus Leid
- doch welche Mächtigen sind Schwachen und Misshandelten deshalb zu helfen bereit
wo doch der „freie" Markt es besonders gut für Starke und schlecht für Schwache regelt
damit die Schickeria prachtvoll rund um den Globus segelt?

Kurze Gesellschaftskunde

Man hatte sich zwar mit dem Gesellschaftsmodell verrannt
denn man hatte Schwächere missachtet – und es zwar nicht ausgesprochen, doch erkannt

doch war man mit Hurra weiter gerannt
aus Eigennutz stur und unverwandt
waren auch die Verachtung und die Lügen bekannt
doch die wurden schweigend unterdrückt und allenfalls in abgeschotteten Kreisen benannt
weil Macht, Geld, Überheblichkeit und Geltungslust das Mitfühlen hemmten
und die Einfühlsamkeit, Achtung und Aufrichtigkeit auf ein Minimum beschränkten
weshalb man ein Existenzminimum für Leistungsschwächere schon mit Chancengleichheit verband
während jeder mit großem Erbe locker sich in einem Luxusleben wiederfand
zweifelsfrei geschützt und ohne Arbeitszwang durch Gesetze für die, die viel haben
damit diese die wahren Herrscher blieben und waren
- was über Jahrtausende schon immer so geschah:
Es waren immer die „scheuen" Reichen, auf die man besonders fürsorglich sah
dass sie sich nicht rücksichtslos woanders hinwendeten
und stolzgeschwellt die offensichtliche Erpressung ganzer Gesellschaften vollendeten.

Aufrichtigkeit – gegenüber sich selbst
Wie oft hast du die Kontrolle über dich verloren?
Dich entsprechend den Erwartungen anderer ver- und gebogen?
Freundlich über grobe Eitel- und Unsinnigkeiten geschwiegen?
Gehofft, die Machenschaften und Manipulationen mögen von selbst verfliegen?
Und wie oft hast du dich an platten Phrasen gewärmt
oder für Herrschende aus plumpen Behauptungen Gewissheiten geformt?
Und hast du nicht deinen Sinn daran gemessen welchen Aufstieg sie dir gaben
wenn deine Äußerungen angepasst und "gehorsam-kooperativ" waren
und es dir gelang, sich für sie einzuspannen und zu ihren Interessen zu stehen
um für Belohnungen und Ansehen deine Wahrhaftigkeit aufzugeben?
Doch wie sehr musstest du die Instinkte des Mitgefühls zurückdrängen
um sich in ihre egoistischen Machtspiele einzuzwängen?
Und wie weit bist du heute von der Wahrhaftigkeit weg
verstummt unter Anpassung ohne der Liebe und Gerechtigkeit Zweck?
Wie oft hast dich also selbst für Geld und Geltung belogen
und mit Ausreden und Selbsttäuschung wegsehend betrogen?
Was wolltest du ursprünglich alles sagen und schreiben
um den Sand der Missachtung Schwächerer aus den Augen zu reiben?
Wie sehr gelang es dir, deine Weisheit durch Liebe und Mitgefühl zu entfalten
und trotz der Gleichgültigkeit der Mächtigen dir deine Herzenswärme zu erhalten
um dich ehrlich und überzeugt einzubringen
und ein aufrichtiges Leben zu finden?

An sich selbst berauscht

Der Wunsch nach Erhabenheit erzeugt Allüren
die andere zumeist unangenehm berühren
denn die so an sich selbst Berauschten
glauben, dass sie niemanden außer sich brauchten
und alle anderen ihnen im Wege stehen
- sie sollten den Herrlichen doch aus dem Wege gehen -
weil sie sich von „normalen" Menschen doch weil abheben
und über anderen erhaben schweben
die darum besser „unten" bleiben
und nicht hoffen sollten, den Überfluss mit ihnen zu teilen
weil das den Erhabenen so gar nicht liegt:
Was macht es schon, wenn einer der Unteren in den Matsch fliegt?
Hauptsache, die Reichen und ihre Diener zelebrieren sich arrogant
- Weisheit, Liebe und Mitgefühl? Die werden auf jeder Party schneidig verbrannt.

Rentner und Politik

„Sie haben ein langes und gutes Erwerbsleben geführt
und viele hat die Mattheit des Alters noch lange nicht aufgespürt
also ist es falsch, dass viele Rentner ein Leben fern der Geschäftswelt fristen
denn sie würden als „Untätige" ihr früheres Erwerbsleben doch etwas vermissen"
- so hört man sinngemäß viele Arbeitgeber und Politiker/innen sagen
denn eine Rente vor 70 Jahren sei falsch: Die Alten hätten noch so viele Gaben
und deswegen sollte man das Ziel erwerbs- freudiger Rentner mehr verkünden
damit sich diese endlich wieder mit den produktiven Werkstätigen verbünden
man müsse nur den Alten das Rentenalter hoch setzten und sie so antreiben und mahnen
auch wenn sie nicht mehr so gewinnträchtig sind wie sie es einst waren
statt nach einem langen Arbeitsleben ihre Freiheit und Lust zu genießen
und in der verbliebenen Zeit andere Seiten eines guten Lebens zu begrüßen
denn alle wüssten doch um des Lebens wahren Sinn
und der läge nun mal in Erwerbsarbeit und -gewinn
- also ihr Alten: Arbeitet mindestens bis 70 Jahre und seid die Netten
die stets bedenken, wie viel mehr vom Leben die Jüngeren und Vermögenden dann hätten.

Zu fein?

Kann man zu lieb sein?
Und zu freundlich und fein?
Das gilt leider für das Leben
denn den Freundlichen ist schnell mal eine Nebenrolle gegeben

wo die Egoisten und Ich-Berauschten sich nach vorne drängen
um vorlaut ihre Reden und Keulen zu schwingen
dass man die Feinen nicht mehr sieht und hört
- was die Lebensqualität und Weisheit empfindlich stört -
doch leider nicht die menschlichen Kotz-Brocken
die wie Geier herum krächzen, hacken und hocken
stets lauernd, auf wen sie sich stürzen können
um anderen etwas weg zu reißen und für sich zu gewinnen.

Hilflos

Geringachtung macht die Seele klein
denn andere hilflos und ängstlich zu machen wirkt gemein
weil Missachtung verletzt, erschöpft und vergiftet
weshalb eine Seele blutet, sich krümmt und flüchtet
und abgeschnürt nicht mehr atmen kann
- und welche Wut und welcher Hass entstehen dann?

Seelenwelt

Was sich eine Seele selbst einzureden vermag
        sprengt jede Realität
denn wenn die Realität kränkend ist bei Nacht und Tag
        wachsen Träume, die keine Realität abgemäht.

Würde-Arbeit

Du bist mit vielen Talenten ausgestattet
und hast dementsprechend selten gerastet
als Narr wie als Lebenskünstler
Verliebter und Verlassener
Weiser und Irrender
Erzieher und Verzogener
Erschrockener und Mutiger
Selbstgenießer und -Verdrießer
Zyniker und Tröstender
Lust- und Lebenssüchtiger
Verletzter und Verletzender
Ankommender und Flüchtiger
Befreier und Gefangener
und du hast dich dafür belohnt und geplagt
gelacht, geklagt und bist manchmal verzagt

wenn eine Ich-Sucht andere Seelen fast vernichtet
weil eine Geltungssucht oder Überheblichkeit andere übel zurichtet
viele mehr ein Bettler ist als ein König im Leben
- zu vielen wird keine Achtung ihrer Würde gegebenen -
womit so manche/r wie ein Tierchen durch das Leben zieht
und tierisch-dumm vor der mühevollen Würde-Arbeit flieht
- und doch sind wir alle mit vielerlei Talenten versehen
und könnten damit freudig und gerecht umgehen
gerade wenn eine Geringachtung Anderer anzutreffen ist:
Also liebe und achte dich und andere, damit du nicht Teil einer animalischen Horde bist.

Allein

Ein Menschlein sprach ganz fest: Ich will
doch dann wurde es auch gleich wieder still
denn das Leben gehorchte nicht seinem Wollen
und so blieb das Schönste für ihn verschollen
denn seine Angebetete war ihm nicht zugeneigt
hatte er noch so viele Küsse und Künste bereit
und Geld und Erfolg waren bei ihm auch nicht üppig vorhanden
und seine Inspirationen wenig geachtet verstummt und entschwunden
hatte er die Tage auch fleißig gearbeitet und ward abends schlapp
so waren seine besten Gedankenblumen doch mit der Zeit verdorrt und platt
und der zynische Witz stand bei ihm dafür in umso kräftigerer Blüte
was das Gemüt allerdings auch nicht recht kühlte
weshalb er leise aufstampfend zu sich sagte: "Ich will
diese Welt sei nicht so herzlos gleichgültig und still!"
- was als Klage und Vorwurf zwar schon richtig war
denn seine Ziele und Gefühle waren schön und klar
doch hartnäckig blieb das böse Flüstern: „Vieles ist Schein
und ohne Geld, Ansehen und andere Macht bleibst du schnell allein.“

Frieden

Die Hände um sich (oder einander) gelegt
sich umarmt und die Sorgen etwas weggefegt
Kerzen angezündet und Wein eingegossen
erst in Gedanken und dann real sich sanft umschlossen
und eine Hängematte aus Zärtlichkeiten aufgespannt
in dem Vergangenem und Erhofftes schwingt
sinnlich und mit ruhigem besinnen:
Jetzt sind wir in uns angekommen

- wir haben dabei nicht an Siege, Macht und andere Geltungssüchte gedacht?
Aus denen ward noch nie ein Frieden gemacht

Alternativlos
Wenn für dich keine wirkliche Alternative besteht
wäre es schusselig, wenn so jemand wie du mit sich selbst hart in das Gericht geht
denn was dich gesellschaftlich unten hält und nicht durch dich zu ändern ist
braucht keine Selbstanklage, damit du nicht auch noch ein unschuldig Verurteilter bist
was aber Mächtige nutzen, damit die Schwächeren die Oberschichten weitertragen
und für sich nicht die Forderung real gleicher Würde und Chancen wagen
auf deren Betäubung es so manche Herrschende abgesehen haben:
Sich an einem Gehorsam aus einer Resignation Schwächerer zu laben
auch wenn du immer wieder bei deiner Würde und dem Vergleich wirklicher Chancen bleibst
und deinen Allerwertesten als denen, die dir keine erreichbare Alternative zeigen, zeigst.

Triumphieren
Du meinst: Das war wieder mal ein Tag zum Heulen?
Doch du lässt dich nicht unterkriegen und nicht verbeulen?
Du lächelst eisern und zeigst der Welt deine Würde und gute Laune?
Deinen Stolz und deine Liebe gegen alles Gleichgültige und Gemeine?
Und du wehrst dich weiter gegen Arroganz, Missachtung und Machtgelüste?
Gegen Geldherrschaft, Überheblichkeit und Heckenschüsse?
Denn Du willst dich nicht kriechen bis du einem anderen aus der Hand frisst?
Willst kein Hündchen werden bis du der Speichellecker anderer Leute bist?
Und du verteidigst deine mitfühlende Haltung und deinen Stil?
Du bleibst dir treu und dadurch für andere ein Ziel
denn du willst dir nicht untertänig selbst Ketten anlegen
damit sie dich noch leichter nach ihren Gelüsten bewegen?
Du wehrst dich also noch gegen all die Gleichgültigkeit
und verteidigst die Würde: Niemand sei eine Kleinigkeit?!
Das alles ist zwar höchst ehrenwert und stimmt
- doch was nutzt es, wenn es den Mächtigen weiterhin ungeniert gelingt
mit ihrem Geld und ihren ergebenen Dienern die Welt so zu regieren
dass sie über Leute wie dich unantastbar im Luxus triumphieren?
Du meinst, dass dir dann wenigstens die Würde bleibt?
Auch an der sägen und schleifen der mächtigen Handlanger schon etliche Zeit.

Hühner
Bist du zu anderen achtungsvoll so führt das keineswegs sicher eine Erfolgsleiter hinauf

denn die Realität zeigt: Würdevolle, doch gefangene Hühner gibt es zu Hauff
denn nur sie sind recht einfach und störungsfrei zu benutzen
leichter mit Idealen zu füttern und zurecht zu stutzen
und bei Bedarf einzupferchen oder geschlachtet zu putzen
an der Gurgel zu packen und auch mal lebend zu rupfen
und darum füttern die Mächtigen sie so gerne mit Körnern und Gras
und manch anderem übrig gebliebenem Fraß
denn viele bleiben bis zuletzt gehorsam und still
wie es die Selbstherrlichkeit der Herrschenden und Mächtigen will
während diese besser leben und sich über andere erheben
und nicht wie Hühner im Mist kratzen und stehen
- und darum gehören sanfte Hühner zu den verbreitetsten Wesen
die für andere ein Leben lang Eier legen und Körner auflesen
wobei selbst die, die ihre schlechte Rolle klarsehen
gefangen im Stall der Mächtigen ihrem Schicksal nicht entgehen.

Eigene Welt

Wie gepresste Blumen und Herbstblätter sammelt die Seele
Erinnerungen als ein buntes oder graues Gebinde
      denn an guten Tagen finden die Sinne und Hände
      ein Lächeln und Streicheln wie sanfte Winde
und führen uns so über die Grenzen jeden Augenblicks
weg von all den unbeantworteten Fragen des Leids und Glücks
      auf immer wieder neuen Wegen durch eine sich wandelnde Welt
      die im besten Fall die kurze Unendlichkeit einer Zärtlichkeit bereit hält
während Grausamkeit und Herzens-Leid um uns toben
und kaltschnäuzige Mächtige sich und ihre Diener belohnen
      mit zu wenig Verstand für das Leid der Schwachen
      denen sie das Leben oft zu einer endlosen Erniedrigung machen
unfähig, mit Würde und Achtung auf Schwächere zuzugehen
weil sie ihre dumme Egozentrik nur sich sehen.

Heute und morgen

Wieder einen Tag herumgebracht
Chancen an- und abgedacht
mit warten und hoffen
auf- und abgebrochen
während ein weiterer Tag abermals viele Verlierer sieht
weil der Clan der Reichen gleichgültig vorüberzieht
die Schwachen gut gefangen in ihrem Raum

denn so sieht man sie und ihre Missachtung kaum
doch sie haben sich zu bescheiden gelernt und zurückgezogen
glaubend, durch ihr Unvermögen seien sie nicht betrogen
während sich die Oberen stolzierend strecken
und die Schwachen sich schamvoll ducken und verstecken
statt echte Chancengleichheit einzuklagen
- doch man wird ihnen dies stets mit Ausreden von „Leistungsgerechtigkeit" versagen
als habe jeder für eine Leistung die gleichen Talente, Erbschaften und Hilfen
und so werden die Oberen die Unteren noch in Jahrhunderten unten halten
um ihnen Achtung und Würde vorzuenthalten.

Herrscher

Der Mensch will König sein in seinem Reich
und dabei ist es ihm auch ziemlich gleich
ob er mal Bitteres schluckt oder heftig schwitzt
Hauptsache, dass er auf seinem Throne sitzt
herrschend über sich und die ihn umgebende Welt
die sich nach seinen Gewohnheiten und Regeln verhält
dass sie ihn auf seinem Thron achtet und ehrt
denn er hat nur dies Leben - da wäre ein anderer auf seinem Throne verkehrt
- darum ist es nicht falsch, wenn ein jeder etwas wie ein König lebt
und sich als gütiger und einfühlsamer Herrscher auch gegenüber anderen Reichen versteht.

Unterschied

Von Schmerz und Glück
Lust und Enttäuschung - davon erzählt jedes Lebensstück
weil es die Rollen launisch und oft ungerecht verteilt
bis zum Ende – wenn alle Menschen das Gleiche ereilt
jedoch je nach Genen, Geld und Glück oft mit ungleicher Qualität und Dauer
und so bemerkst du am Schluss vielleicht schlauer, doch sauer
dass dein Ende mangels Schreibtischjob oder teurer Pflege zu früh zu dir kommt
während ein/e Andere/r sich noch wohlhabend sonnt.

Krankheiten

Eine verbreitete Krankheit unserer Zeit
ist die Egozentrik und Einsamkeit
und beides wächst, quält und bleibt
auch wenn so mancher ein Leben lang schweigt
treibt es ihn auch hinaus und nie wieder nach Hause zurück

zerquetschten nach und nach manche Freude und manches Glück
und selbst der letzte Schritt oder Kampf ist oft nicht gut
denn das kommende Nichts heilt nichts – und so packt so manchen die Wut
über das, was Jahrzehnte des Lebens zu wenig war
denn man hatte zu Recht mehr erwartet - na wunderbar
doch nicht nur die Zeit hat alles aufgefressen
sondern jene, die dafür sorgten, einen dürren Pfad nicht zu verlassen
zementiert von Genen, Erziehung, Umgebung und Mächtigen
Besserwissern, Missachtenden, Herzens-Dummen und anderen Lästigen
fleißig und oft versteckt auf ihre Macht bedacht
- was sie zu einer besonders unschönen Krankheit unserer Zeit macht.

Bitte weiter heiter
Verbannt in einem düsteren Eck
lauern Angst, Argwohn, Schrecken und anderer Dreck
weil so manche/r zu viel an sich selber denkt
und zu eigenen Gunsten andere lenkt und kränkt
dabei nur seiner Lust und Freude folgt und frönt
bis der oder die andere - keineswegs lustvoll – stöhnt
- und all diese Missachtung zieht dich täglich runter
nur kindliches Hoffen oder eine Form der Apathie hält dich aufrecht und munter
denn du fühlst dich oft bei Seite gestoßen wie ein Wicht
der an der Geltungssucht und Habgier anderer fast zerbricht
was dir - statt dem Hochgefühl der Liebe - reichlich Mattheit bringt
dass so manches Feuer der Begeisterung nur wie Asche glimmt
erträglich, weil schöne Visionen behütet im Verborgenen lagern
und Pläne als tröstende Gespenster durch deine Gedanken wabern
die dich mit ihrem Flüstern stützen und halten:
Du darfst heute noch nicht aufgeben und Gefühle abschalten
wofür du dir einen noch dichteren Vorhang aus Trotz und Gleichmut webst
um dir nicht die Seele blutig aufzuschürfen, wenn du mal etwas schwebst
denn es gäbe noch so vieles das für dich im Buch des Lebens steht
damit es dich sanft und herrlich berührt und bewegt
- allein, jeder Tag blättert eine schnell zerknitterte Seite weiter
und die spannenden Passagen sind oft kurz – und trotzdem lächle doch bitte heiter.

„Werte“-Erziehung
Von Werteerziehung wird viel schwadroniert
doch so mancher Redner hat sich weder um Mitgefühl noch Würde oder Achtung geschert
sondern auf Eigentumsrechte, Egoismus, Macht, Abhängigkeit und Ansehen gepocht

damit es sein Erbe oder Vermögen vermehrt und Schwächere wie einen Knochen auskocht
bis sich die weniger Glücklichen und Begabten stumm beugen
- wie sehr kann „Werteerziehung" Schwächere doch täuschen um Mächtige zu erfreuen.

Glauben

So mancher Glauben hat die Absicht und Art
dass er einem selbst mehr Bedeutung und Überheblichkeit beschert
denn er braucht kaum mehr als die Lippen und Hände zu bewegen
um das eigene Leben mit dem eines Irgendwo-Gottes zu verweben
und dabei noch ein paar große Hoffnungen und etwas Vergessen daran zu kleben
um sich das eitle Gefühl einer eigenen Gottes-nahen Bedeutung zuzulegen
und so präpariert in der ersten Reihe der Menschheit zu leben
um sich als etwas Größeres heraus zu heben
denn so ein Gott bestärkt in der eigenen Vorstellung gewaltig das Sein
entsprechend dem Motto: Das Höchste ist nun auch mein
womit die bedrängten ängstlichen Seelen etwas mehr Leichtigkeit haben
wenn sie in Gott-naher Erhabenheit baden – und dies Bekenntnis aufsagen:
Verletzlich und unvollkommen bin ich – doch glaubend bin ich dabei
als Teil eines göttlichen Imperiums, wo und was immer es auch sei
also will ich meine Gott-Nähe bekennen - das ist genug
so ist meine erhöhte Position wahrnehmbar und gut
und wo das nicht reicht strebe ich ungeniert nach mehr Vorteil und Macht
damit das Herz - wenn nicht aus Liebe – aus Eitelkeit lacht
denn Gier, Machtlust, Egoismus und Überheblichkeit
wird mir ein Gott schon verzeihen in seiner Göttlichkeit
also flott bekannt und an Worten nicht gespart
und dazu noch für Gottes Kasse ein paar Kirchensteuern gezahlt
- wären da nicht auch die, die ohne Geltungssucht und Götter lieben und leiden
weil sie hoffen: Irdisches Mitgefühl möge sich irgendwann als größte Macht zeigen
auch wenn das nur ein liebenswerter Glauben ist
den manch herzlose Gläubigkeit auffrisst.

Du glaubst das?

Du glaubst, du lebst in einer wahrhaft sachlichen und aufgeklärten Zeit
denn die Mächtigen und ihre Handlanger wären zur Achtung gleicher Würde ohne Zwang
bereit?
Du hast selten das Gefühl, dass man dich und deine Würde degradiert
auch wenn ein Mächtiger herzlos möglichst allen Reichtum für sich reserviert?
Du hast keine Sorge, dass man dein Mitgefühl als Schwäche interpretiert
weil du damit angeblich nur deine Vermögensarmut kompensierst?

Und man predigt dir nie Fügsamkeit, Bescheidenheit und Verzicht als hättest du mehrere Leben?
Denn du müsstest nur warten können: Dann wäre dir im Kapitalismus irgendwann Besseres gegeben?
Also wie lange möchtest du das alles noch glauben
während sie dich missachten und dir eine gleiche Lebenserfüllung rauben
weil du nicht zu den Leistungs- begnadeten und Großerben gehörst
und sie mit deiner Forderung nach gleicher Teilhabe doch recht störst?

„Second best"

Das Leben hat dir mal wieder seine Sonnenseite versagt?
Dich übergangen und mit Geringachtung geplagt?
Und so war mehr als „second best" für dich nicht zu haben?
Denn zu viele zeigen das Mitgefühl von Küchenschaben?
Und du willst dich immer noch nicht abseits einrichten?
Größeres, Schöneres, Liebevolleres soll dich belichten?
Wünschen kannst du das ja – ist schon recht
doch vieles bleibt fehlerhaft und schlecht
also stelle dir ein Öfchen im Schatten auf
und lege deine Liebe zum Aufwärmen darauf
denn vielen bleibt die Sonnenseite versagt
weil Reiche, Kräftige und Mächtige kein Gewissen plagt
um Schwächere nicht zu sehen und nicht mit ihnen zu teilen
damit die Herrschenden wohlig weiter in der Sonne verweilen
- aber zumindest bleibt dir ein Ofen, auch wenn er im Abseits brennt
solange deine Liebe ein Ziel und eine Ankunft kennt
und deshalb feiere dich mit all deinem „second best"
solange du eine Liebe hast.

Herrschaftsspielchen

Da man nur ein Leben hat
ist man vor Enttäuschung über karge Tage und Jahre leider manchmal richtig matt
und so wird der Rat zur Geduld schnell zum Lügenspiel
meist mit einer stummen Geringachtung deiner Person als Ziel
zumal wenn ein angeblich himmlischer Trost am Ende steht
der nur leider recht wahrscheinlich unerfüllt vorüber geht
weil zuletzt vielleicht alles schnöde im Matsch versinkt
womit dir die Sache zuletzt gründlich stinkt
auch wenn man dir „in deinem Interesse" bis dahin immer wieder rät:
Warte nur ab – so bleibst du still und fügsam - ist es auch irgendwann für anderes zu spät

denn dann haben sie dich gefangen: In Resignation eingeschlossen
ist die Gleichgültigkeit gegen Schwächere gerettet und du hast deine Wut-Tränen
wirkungslos vergossen.

Wenigstens dies
Du Rechthaber und „sich in den Vordergrund Drängender"
andere Kleinmacher und Besserwisser
Arroganzler und kaltherziger Weghörerr
Zyniker, Schnell-Verurteiler und Unbelehrbarer
Gleichgültiger, Verschlossener und andere hinunter Gestoßener
Verlorener, Vergessender und Unterwerfender
zu wenig Lächelnder, Liebender, Geduldiger und Berührender
und zu selten Liebestrunkener und Schenkender
Aufnehmender und Festhaltender
Ankommender und Verweilender
- so geht es immer weiter
also versuche bitte dies: Sei heiter.

Küchenschaben
Es war wie an so vielen Tagen:
So mancher achtete dich kaum mehr als Küchenschaben
und viele um dich herum wurden um eine Anerkennung betrogen
in ihren Absichten verkannt oder ihr Streben verbogen
denn Benachteiligungen wurden achtlos übergangen oder niedergetrampelt
gute Absichten nachlässig übersehen oder um gerempelt
Seelen durch Egoismus und Missachtung ausgebrannt
mit Worten und Schweigen getäuscht und nach weit verbannt
dabei oft billig und blöde abgespeist
benutzt, beiseite gefegt und verwaist
und wie beiläufig in einen seelischen Abguss gespült
das üble Spiel mit verletzten Herzen mit einem herablassenden Lächeln gekühlt
- und hättest du nicht immer weitergekämpft und gerungen
und dir selbst mit Zärtlichkeit Freuden abgezwungen
so lebtest du fortan wie Küchenschaben
an vielen Tagen.

Freiheit
Geltungsgier, Niedertracht und Qual
gibt es auf Erden ohne Zahl

doch haben wir eine Wahl?
Also weiter aushalten – wieder einmal
- denn bei all den Egoisten
Geltungssüchtigen und Sadisten
Verlorenen, Bedrückten und Zerrissenen
Erschöpften und Verschlissenen
perfekt Kalten und kühl Hochgestellten
herzlos Mächtigen und gutmütig Verstörten
eitel Besser-wissenden und raffiniert Täuschenden
geschäftsmäßig Klauenden und kaltherzigen Reichen
Verschweigenden, Lügenden und Betrügenden
Ausgenutzten und tief Gedrückten
Resignierten und Entmutigten
Ausgepressten und Gestressten
Griesgrämigen und Benutzten
gibt es Täuschungen, Ausreden und Vertröstungen ohne Zahl:
Wo sind da deine Freiheit und Wahl?

Freudig gebückt
"ICH" - so denken viele Kapitalisten und Wirtschaftskapitäne
und benehmen sich wie eitle, mimosenhafte Hühnchen oder Hähne
dass sich das "Ich" der Abhängigen und Kleineren daneben ducke
und ihnen ein "dient mir" durch jeden Gedanken zucke
denn merke: Wer Geld-mächtig oben steht darf sich empfindlich geben
der ohne Geld muss sich hingegen eher schämen und robust benehmen
denn sonst wird er als uneinsichtig und töricht abgestraft
er denke zu sehr an sich, also falsch – oder sei einfach nur unbedarft
wenn er den Oberen nicht nach dem Mund gackert ganz entzückt
- und sich bitte bei der Arbeit freudig und ergeben gebückt.

Kurzes Adieu
Erhaben stolzierend
und lautstark belehrend:
So liebt Sie (Er) es zu imponieren
und sich mit starken Worten zu inszenieren
und das Ego schwillt an und die Stimme wird heiser
doch Sie wird dabei kein bisschen leiser oder weiser
sondern posaunt weiter - was jeder schon weiß - hinaus
in ungeduldiger Erwartung auf irgendeinen Applaus
- und keine Erschöpfung kann ihre Geltungswut beenden

weshalb es besser ist, sich mit einem kurzen Adieu abzuwenden.

Wie viel?
Wie viel von dem Mist
an hinterhältiger List
an Täuschung und Betrug
Kriecherei und Lug
Arroganz und Überheblichkeit
Egoismus und Gleichgültigkeit
Geltungssucht und Besserwisserei
und manch anderem vergifteten Getue und Geschrei
hält deine Seele aus?
Wie rettest du dich vor all diesem Graus?
Indem du dir sagst: „Das alles ist es nicht wert
treibt eure Spielchen ohne mich – dann bleibe ich am ehesten unversehrt
und ihr könnt euch aufblasen und stolzieren
doch ich muss wegen euch weniger frieren!"
Gut wenn dir das gelingt
weil der Mist dann weniger stinkt
was allerdings schwer zu erreichen ist
weil du in Vielem ein Gefangener bist.

Show
Wie viel ist eitles Geschwätze
Gesabber und Gesülze?
Was alles ist wie verspritze Gülle
unfähig zu achtungsvoller Stille
durchsetzt von Gehabe, Getue, Schau und Schaum
und ein mit Wichtigtuerei vergifteter Gedankenraum?
Wie viele versuchen sich ein irgendwie erfülltes Leben zu konstruieren
um nicht im Innersten zu zittern und zu frieren?
Wie viele können genug in sich entdecken
ohne fades oder erschreckendes zu schmecken?
Also wird die Schau immer weiter fortgeführt
und manch eitle Kleinigkeit zu Großem aufgeblasen und gekürt.

Tiere
Gibt es zu viele beschwichtigende Worte
und zu wenig freundliche Gesinnung und gute Orte?

Sind es zu viele Dinge die uns umhertreiben
statt sanft geborgen in uns zu verweilen?
Haben wir uns zu selten miteinander bewegt
ineinander geruht und zueinander gelegt?
Herrscht zu viel Müdigkeit und stolzierendes Gehabe
als wären wir Hyäne oder Geier, Wolf oder Schlange, Zecke oder Rabe?
Du siehst mich an und mit einem sanften Lachen
sagst du nur: „Lass es uns besser machen.“

„Lichtblick“
Ein Zeitschriften-Artikel "Wozu taugt der Mann"
formuliert was der Mann alles nicht so gut kann
womit man als Mann moralisch beiseite gefegt
klein gemacht wird bis man sich nur noch geduckt bewegt
und von niedergeschriebenem Müll und Missachtung überschüttet
nur noch um einen Restverstand der Urteilenden bittet
und sich fragt: Wozu sei man denn da noch gut?
Man braucht als Mann momentan eben besonders viel Geduld, Weisheit und Mut
um der Dummheit geschlechtsspezifischer Überheblichkeit zu entgehen
wenn so manche in ihrer eigenen Überheblichkeit einen „Lichtblick“ sehen.

Speisekarte der Ewigkeit
Wie junge Hechte oder tranige Karpfen
stolzierende und schnippische Schnepfen
eitel schweigende oder laut krächzende Hähne
stumm drohende oder wild schnatternde Schwäne
so haben sich so manche stolz und breit hochgereckt
vor Eitelkeit breit oder lang gestreckt
- bis ein Hacken, Schuss, Messer oder eine Stange
beendeten das Gekicher und Gekrächze in einer Pfanne
und man feststellt: Tranchiert oder zerlegt
sind sie alle nicht mehr garstig oder ungenießbar aufgeregt
weil all die Eitelkeit bis Überheblichkeit sich legt
sobald man auf der Speisekarte der Ewigkeit steht.

Fassaden
Was tun, wenn man vor abweisenden Fassaden steht?
Wohin, wenn ein wichtiger Mensch achtlos vorüber geht?
Was tun, wenn etwas Gewolltes zu fernbleibt?

Wohin, wenn Sie oder Er kein „ich habe dich gern" zeigt?
Reicht dann noch eine Ablenkung und ein Kneipenbummel?
Noch ein Spiel der Eitelkeit oder ein Modefummel?
Wie lange ist das genug, was sich dann noch findet?
Genug, dass es dich zärtlich bindet?
Um auszuhalten, wie die Träume vergehen?
Wie sehr wirst du mit fröstelnder Seele dastehen?
Und die Kraft haben
Fassaden abzutragen?

Aus dem Weg gehen
Die Marotte sich selbst zu erhöhen
und damit über anderen zu stehen
folgt dem einfachen Rezept: Mache andere schlecht oder klein
suche Fehler bei anderen und belehre – zelebriere was Besseres zu sein
und diese Strategie ist oft von solcher Wucht durchdrungen
dass sich weder mit Widerspruch noch Schweigen Heilmittel finden
und nichts die eitle Blödheit eines geblähten Stolzes heilt
der dafür sorgt, dass ein anderer sich ducke und im Verborgenen weilt
weil die Eitelkeit sich selbst permanent bestärken muss
denn sonst wäre ja mit der geschwollenen Selbsterhöhung Schluss
und Sie oder Er müsste sich sonst selber ungeschminkt ansehen
- und dem möchte so manche/r doch gerne aus dem Weg gehen.

Trick
Wenn jemand arrogant und besserwisserisch etwas sagt
das dir darum gar nicht behagt
kannst du schreien oder schweigen
oder du lässt das Eine wie Andere bleiben
und stellst dir Die oder Den mal als Ameise, Zecke oder Wurm vor:
Und schon stolziert nur ein zappelndes Tierchen durch sein kleineres Tor
und lebt fortan wie jedes andere Klein-Getier
ohne bleibende Belastung mit seiner Geltungs-Gier
und es kann sich dann sogar wie eine Getier-Königinnen benehmen
die mit ihrem Getue glaubt die Welt mit ihrer Anwesenheit zu segnen
wenn du sie nur sich selbst befehligen und belehren lässt
was dann eben gut zu ihrer kläffenden Seele passt.

Wildsau-Rotte

Aus dem Unterholz bricht eine Wildsau-Rotte hervor
es ist der Kapitalisten Paladine, Knechte und Eunuchen-Chor
die das Lied des Egoismus für ihre Oberen und sich mit geschwellter Brust anstimmen
und jubilieren, dass der Kapitalisten Gewinne allen das Beste bringen
und so lobpreisen sie die schöne Macht und das heilvolle Wirken ihrer Herren
und blicken streng in die Runde, dass alle anderen auch darauf schwören
denn wer sein Knie vor so viel Macht und Hohem nicht gehorsam beugt
gar voll Stolz auf sein Arbeitsleben und zugleich auf sein Leben weit unten zeigt
der ist als Schwächling, Dummkopf oder Verräter der Wildsau-Rotte freigegeben
auf das sie diese Subjekte aus der öffentlichen Wahrnehmung hinaus fegen
damit sich andere nicht voller Einsicht mit Zweifeln und Widerspruch anstecken
wie falsch das Leben ist, wo einige im Gelde baden und andere sich nach Wenigem strecken
und manche immer noch verrecken
während Reiche sich gut vor ihrer Verantwortung hinter Mauern, Juristen und Politikern
verstecken.

Der Mensch – ein Kultur-geschminktes Wesen

Es ist nicht leicht: Das Leben unter Tieren
auch wenn wir Menschen uns mit Kultur verzieren
und so tun, als wären wir als Spezies durch Mitgefühl weit gereift
wo doch so gerne einer dem anderen schnöde nach dem Gelde greift
um mit der Hackordnung des Geldes und dessen Freiheit auf andere herabzublicken
und sich so an der eigenen vermuteten herausgehobenen Position zu entzücken
wie sie nur den Tieren mit all ihrer Dummheit zur Ehre gereicht:
Es bleibt vieles wo der Mensch dem Tiere gleicht.

Gedicht der Kapitalisten

Erbloser, nutze deine ganze Arbeitskraft und Geduld
wir brauchen deine Kraft, Abhängigkeit und deine Kreditschuld
denn erbst du heute kein richtiges Kapital erwartet dich im Leben bis zum Ende
oft wenig Ansehen und nur kleine Schmeicheleien für ermüdete Hände
deshalb übe dich täglich in Bescheidenheit, arbeite und verlange wenig Geld
weil uns Mächtigen und Besitzenden das am besten gefällt
und wir dich dann für deine Fügsamkeit soweit als nötig belohnen
du musst uns nur freundlich, ausdauernd und aufmerksam dienen
nicht zu laut protestieren oder nicht so viel Profit wie wir verlangen
sonst drücken wir dich an die Wand – du musst dich gehorsam anstrengen
damit du für uns im Wettlauf noch mehr gewinnst

und mit all deiner Kraft den höchsten Gewinn erbringst
weil du unseren prachtvollen Lebensstil in deinen Händen hältst
also hast du zu dienen bis du erschöpft bist - oder umfällst
denn wer uns nichts oder zu wenig nutzt
wirst von uns entlassen und weggeputzt
und es gibt genug andere Erblose die an deine Stelle treten
Aufsässige wie dich werden wir mit unserer Wirtschaftsmacht wie Unkraut weg jäten
und zudem lassen wir dir kleine Krumen von unserem Gewinn zukommen
sind die auch nur ein Hundertstel oder weniger von unserem Einkommen
- das sei nicht das wichtigste Gedicht der Kapitalisten? Das sei zu engstirnig und hart?
Macher Glaube ist so hilflos und verblendend wie er es immer ward.

Vor der Tür

Kein sprühender Witz, kein überragender Verstand und auch kein fesselnder Charme
und nicht mal reich – dann bist und bleibst du vor der Tür und arm
und hast du auch immer treu und wohlwollend gedient
ja gesagt, dich bemüht und gelächelt wie es sich geziemt
so wirst du doch nur eine Duldung erlangen
und sie halten dich mit kleinen Freundlichkeiten gefangen
und lassen dich weiter, rackern, zappeln und hoffen
- denn du sollst und wirst weiter an ihren Türen pochen
damit sie dir etwas heraus reichen:
Du sollst und wirst ihnen nie gleichen.

Karren

Die Angst, die manchmal stimmt: Man macht sich zum Narren
denn man spannt sich vor den falschen Karren
und man rennt, während andere ruhig sitzen
man ackert. während andere genüsslich in der Sonne schwitzen
wissend, wie man nimmt ohne ebenso zu geben
ohne Arbeit genießt, um bedient und erhaben zu leben
- und die Angst stimmt, denn ohne Geld und dessen Macht
überrollt dich täglich ein Karren dessen Lenker dich nicht sieht - oder lacht.

Nicht für dich

Es ging gut los
        in deiner Erwartung und Sicht
doch schnell stellte man dich bloß:
        Du stehst oft abseits und nicht im Licht

und wirst in irgendeine Ecke gedrängt
        dass deine Vorstellung wie ein fallendes Glas zerbricht
zwischen Pflichten und Geringachtung eingezwängt
        so wolltest du es nicht
doch du kannst nicht ausweichen
        an dir hängt so manches Gewicht
denn du musst ihnen dienen und dich angleichen
        sonst kommt ihr strafendes Gericht
denn jeder könne alles erreichen und Reichtum erwerben – so hört man sie reden
        also arbeite und diene, sonst seist du ein undankbarer oder dummer Wicht
  aber natürlich wird durch ungleiche Bedingungen die Würde Schwächerer in den Schmutz
getreten
        doch wenn du das Offensichtliche aussprichst, verachtet und meidet man dich.

Wunsch und Realität

Nicht matt und lahm
sondern mutig, kraftvoll und warm:
So suchen wir eine Zärtlichkeit
die uns verbindet und befreit
damit wir uns ganz und gehören
wenn wir einander berauschend betören
- wäre da nicht der Alltag, der uns erschöpft und verletzt
weil er uns – gar zum Vorteil anderer – herzlos presst und hetzt
und viele verhöhnt, die einen würdigen Anteil haben wollen
und nie bekommen.

Königin der Eitelkeit

Schmerzliche Einfalt: Wer sich für "höher" hält
und dafür wie ein herrschsüchtiger Hofhund knurrt und bellt
damit seine „überragende" Größe nicht wie eine Papiertüte in sich zusammensackt
wozu Sie oder Er ein applaudierendes Publikum braucht - und oft hat
was Sie (oder Ihn) durch Schau, Täuschung und Tücke erhöht
weil Sie (oder Er) sich selbst nur so ertragen kann und sich weniger stört
dann schau nicht weg und bestätige Sie - es kränkt sie sonst sehr
denn sie leben durch die Schminke und Fassade: Sie seien mehr
da eine Königin, die ohne eingebildete Krone durch die Straßen läuft
laut meckert - und tut alles, dass sie dir dein Ansehen raubt
denn dass du auf gleicher Stufe stehst wie Sie wird Ihr nie passen:
Eingebildete Königinnen und Könige können voller Neid hassen.

Wirkliche Ziele (oder: Verhalten ist „klarer" als Worte)
Alle folgen den gleichen Zielen
und es reichte eigentlich auch für die vielen
doch stattdessen verdrängen einige wenige all die anderen vielen
ohne zu teilen zu Gunsten ihrer Überheblichkeit und Arroganz – ihren wohl wirklichen
Zielen.

Was lief schief?
Große Wünsche runtergeschluckt?
Sich gebeugt, verbogen und geduckt?
Täglich immer wieder und so tief?
Was und warum lief das so schief?
Und zum Geld willst du die Mächtigen fragen?
Sie werden dir den Grund nicht sagen
sondern in Phrasen über Fleiß und Anpassung schwadronieren
und weiter nach deinen Diensten zu ihrem Nutzen gieren.

Gefürchtet und geliebt
So manche/r interpretiert die Welt
bis sie ihm erträglich ist oder gar gefällt
damit auch ein Lächeln einen Weg findet
wo man schwer keucht und sich mühsam schindet
sich beugt, buckelt, dient und artig gibt
weil es einen sonst noch tiefer runterzieht
in einer Welt, die öffentlich die Achtung aller Menschen betont
und doch oft dafür sorgt, dass der Schwächere in schäbigen Ecken wohnt
damit es für die Vermögenden umso mehr Freiheit gibt
weil man deren Macht sowohl fürchtet wie liebt.

So sei es nicht?
Ist doch nicht seriös was da oft geschieht:
Wie eine Politik mit Menschen umgeht
also Schwache beiseiteschiebt
und Reichen dafür umso mehr gibt
denn Kapital sei flüchtig und deshalb besonders zu achten
und dafür seien die Schwächeren bitte gründlich zu entmachten
während man glänzende Kulissen und Ausflüchte hin und her schiebt und bepinselt
und dahinter für den eigenen Vorteil schauspielert und schwindelt
sich selbst hoch hebt und dafür auch mal „nüchtern" herzlos redet

sich heraus putzt, erhöht und dümmlich herum wedelt
damit man im Bett der Mächtigen liegt und Mitgefühl vorgaukelt
und zum eigenen Vergnügen Schwächere ungeniert verschaukelt
- doch es sei nicht so, dass Politik mit Menschen umgeht
weil so etwas Unanständiges nicht geschieht?

Draußen

Der Traum von einem anderen Leben
geht – weil man nur eines hat – ziemlich sicher daneben
denn viele werden ein Leben lang um eine mögliche Entfaltung betrogen
und als Schwächere bei Seite gedrückt oder runtergezogen
und die Folgen? Wer es nicht mehr erträgt
zieht sich verbittert zurück, verkümmert und vergeht
während die Begünstigten fröhlich flanieren in ihrem blühenden Garten
der zwar nicht nur der ihre war – doch die Schwachen mussten auf ihr Leben draußen
warten.

Achtung

Ein empörter Mann oder ein empörtes Weib
der Missachtung durch andere leid
fühlten sich um ihr Leben betrogen
denn durch Missachtung wurden sie tief runtergezogen
worauf sie beschlossen ihre Würde zu demonstrieren
und die Tage von nun an mit Stolz zu verzieren
- doch rasch zwangen Macht und Gleichgültigkeit
ihre gerade erhobenen Häupter wieder in die Unterwürfigkeit
und drückten sie wieder in eine devote Haltung und klagloses Dienen
um sich für das Geld und die Achtung Anderer zu verbiegen
- und so blieb nur eine stumme Empörung für Mann und Weib
und für ihre Traumwelten der Fantasie arg verschlissenes Kleid.

Löwe und Lamm

Wenn sich das Lamm zum Löwen legt
und der Löwe dem Lamm zur Seite steht
also der Starke den Schwachen nicht ausnützt
und der Reiche den Ärmeren mit gleicher Würde unterstützt
dann wird die Liebe überall leben
- doch wie lange muss sich die Erde dafür noch drehen?

Auf Erden
Viele haben an den Toren eines Paradieses gerüttelt
doch es ließ sie davorstehen und hat sie achtlos abgeschüttelt
denn all das innige Wünschen und Flehen blieb unerhört
und unzählige Leben wurden durch Gleichgültigkeit zerstört
verrannen vor den geschlossenen Toren einer schönen Welt
immer wieder dort hingeworfen, bis Laub und Erde über sie fällt
- und doch hoffen weiterhin viele, eine Tür würde sich ihnen noch auftun
vielleicht im Jenseits – denn auf Erden konnten sie nicht sanft und Seelen-reich in sich ruh'n.

Eingebrannt
Eine kleine Unachtsamkeit
und schon offenbar sich unsere hohe Verletzlichkeit
und dafür reicht ein kurzer Blick, eine Geste oder ein Schweigen
dass wir an einer schmerzlichen Missachtung leiden
bei unserem Hunger nach Achtung, Lächeln und Liebe
dem Tasten und Greifen nach einer freundlichen Nähe
und dem ewigen Durst nach einer sanften Umarmung
wie der Ankunft in einer sinnlichen Erfüllung
- so ist unsere Verletzlichkeit
ein großes Geschenk und ebenso ein Leid
allgegenwärtig und doch oft unerkannt
und bis zuletzt tief in uns eingebrannt.

Sehr effizient und effektiv
Was willst du noch sagen
über deine drängenden Fragen
denen Schweigen täglich eine Antwort gibt
die wie ein Stein stumm und drückend in und auf dir liegt?
Meinst du denn du könntest Reiche dazu bewegen
ihre verstohlene Geringachtung Schwächerer abzulegen?
Glaubst du denn an eine gleiche Würde
und du seist Reichen – wenn du ihnen nicht dienst – mehr als eine lästige Bürde?
Siehst du nicht wie sie dich still ausschließen
raffiniert schweigsam und ruhig, um dich nicht aufstachelnd zu verdrießen?
Spürst du nicht die perfekte Maschinerie aus Markt, Erbschaft und Macht
die über Leistungs- und Erbschwächere hinweg geht und gar leise lacht?
Du glaubst immer noch die gleiche Würde sei mehr als „Marktmacht" oder Erbsumme

- und doch gewährt man dir „gerecht" nur das Existenzminimum und sonst bleibst du oft der „Dumme"?
Denn wer arm sei den treffe es zu Recht
denn mehr als ein Existenzminimum wäre sonst unangemessen und schlecht?
So willst du eigentlich noch viel sagen
aber wer hört schon ernsthaft deine Fragen?

Krankheit

Schau weg oder sieh hin:
Es geht dahin seit Anbeginn
unaufhaltsam auf der Zeit rutschigen Bahn
kurz vergessen nur in Lust und Liebeswahn
doch das alles ist ganz gut zu ertragen
so lange wir einander zu lieben wagen
trotz der größten Krankheit – nicht nur - unserer Zeit:
Einer herablassenden Verächtlich- und Herzlosigkeit.

Stumm und matt

In der Überzeugung, dass nichts richtig und doch nicht zu ändern war
geschah es, dass nichts geschah
und wie bisher erduldet und missraten
arrangierte man sich mit bedenken und warten
bis auch dies verging
und nur noch ein Nebel über den Wünschen hing
über einem einst phantastischen Garten:
Nun zugedeckt von einem Unkraut aus enttäuschtem Warten
- was so manche Politik zum Ziele hat
denn dann bleiben die Schwächeren leichter stumm, kein und matt.

Straßenrand

Schau in meine Hand
was ich in einer Asphalt-Spalte am Straßenrand fand:
Ein Löwenzahn hat sich dort in Licht und Wärme gestreckt
und mit dem Tau und Regen gereckt
kräftige Blätter getrieben und um sich gelegt
und mit der Sonne und dem Wind bewegt
um zu wachsen und zu blühen
- und doch ist er leicht zu übersehen
vollkommen mit seiner gelben Blüte

und ein feines Bild von zarter Güte
auch wenn er dafür kaum einen Platz fand
wie so viele: Am Straßenrand.

Hintern

Wenn andere deine Kräfte auslaugen
und du dafür nur Krümel erhältst
      weil sie versuchen mehr aus dir saugen
      als du dafür von ihnen erhältst
und weil sie dich benutzen
mehr als du willst
      und dich zu ihrer eigenen Erhöhung ausnutzen
      bis du strauchelst und fällst
dann versuche wieder aufzustehen
und der Niedertracht ins Gesicht zu sehen
      dich zu besinnen und als die Geier abzuwehren
      und all die scheinheiligen Beteuerungen zu übergehen
denn willst du dich verkriechen und stumm leiden?
Manchmal besteht die Würde darin egoistischer Macht den Hintern zu zeigen.

Hin und her

Liebe hin und Alltag her:
Wir brauchen viel Zärtlichkeit - sonst wird es schwer
      denn auch mit der tollsten Schönheit ist es nicht weit her:
      Sie ist bald weg auf nimmer mehr.
Zudem ist der Bach des Geldes für viele wie ein Rinnsal dünn oder leer:
Die Welt ist beim Vermögen ordinär unfair
      und so geht das Hoffen hin und Warten her:
      Doch Träume alleine nähren nicht sehr.
Und die einfühlsame Weisheit hat es dagegen schwer:
Die Niedertracht und Herzesskälte kleben an vielen Mächtigen wie Teer
      also muss wenigstens eine erfüllende Sinnlichkeit her:
      Doch dazu fehlt oft die Kraft – arbeitsmüde geht da nichts mehr
bis auf die Flüchtigkeit und das Vergessen: Sie kommen als kleiner Trost daher
und sind es auch nur kleine Papierschiffchen auf einem weiten Meer.

Damen und Herren

Wie willst du auf Erden
dauerhaft edle Dame oder edler Herr werden?

Wo man so oft rafft und zu wenig vergibt
und wo üble Verletzungen normal sind, dass man sich schützend zurückzieht?
Wo so viele Menschen von Ehre schwafeln und geschwellt protzen
mit überheblicher Belehrungsmanie andere herab drücken - zum kotzen
gefangen zwischen so manch primitivem zweibeinigen Herdentier
- und da strebst du nach einer edlen Dame oder einem Herrn in dir?
Da wird es schwierig zwischen all der Geltungssucht und Gier nach Geld
- also zeige, wie man Liebe und Weisheit aufrechterhält.

Anderes Sein

Du bist Bettler und König
- wenn auch von dem einen zu viel und von anderem zu wenig -
denn du bist oft an Mut und Angst zugleich arm und reich
dabei ein Antreiber und Getriebener zugleich
und wirst immer wieder in falsche Kleider gesteckt
hast gegen Bitterkeiten angelacht und wurdest mit Missachtung zugedeckt
hast dein Haupt erhoben und wurdest doch wieder runter gedrückt
unruhig und wehmütig vorangetrieben und gebeugt und gebückt
und du nutztest Vergessen und Verstummen für dein bedrohtes Seelen-Reich
denn in dir drinnen war vieles stolz, kraftvoll, sinnlich und schön zugleich
und so bewohnen in dir ein Bettler und König zusammen ein Heim
und träumen von einem anderen Sein.

Getier

In der Fantasie kennt ein jeder ein besseres Leben:
Nett, fröhlich und unbeschwert - doch vielen zu wenig davon gegeben
und so leben viele in einem eng vergitterten Raum
die festen Gitter verändern sie kaum:
Eltern, Gesellschaft und Region prägen die Schritte
manche werden hochgehoben und anderen bekommen Tritte
und die einen preisen ihr Geschick und die anderen haben wenig Glück
die einen sehen auf und die anderen senken den Blick
und die einen sind so eitel wie dumpf und herzensdumm
stolzieren wie ein Getier nur gockelhaft herum
während die anderen stets unten bleiben
und dabei oft mehr Weisheit und Herzensgüte zeigen
glaubt auch so manche Sie oder Er, man sei für „die Oberen" geboren
und hat dabei sein Herz an Macht und Geltung verloren
wie ein einfältiges Getier
voll Gier.

Frieden

Nur ein echter Frieden schafft nachhaltige Ordnung
mit der Achtung und dem Mitgefühl für eine dauerhafte Verständigung
- denn wo nur ein Wettbewerb der Egoisten um den größten Vorteil ist
bleibt für Schwächere nur Geringschätzung, schönfärbende Ausreden und anderer Mist
mit sozialen Ausgleichssystemen als gesellschaftliches Krankenhaus
- doch die gering Geachteten wollen da raus
auch wenn die Oberen ihre Reparaturbetriebe als Optimum loben
so haben sie doch die Schwächeren immer in ein Abseits geschoben.

Nach der Arbeit auf dem Weg nach Hause

Ein Menschlein
fährt von der Arbeit Heim
erschöpft und abgemüht
vom langen Arbeitstag ausgeglüht
bestrebt, es fühle sich bis Morgen wieder einigermaßen wohl
genervt und entkräftet von dem Tag mit so vielen, die eitel, eingebildet und hohl
mit ihrer Geltungs- und Geld-Sucht andere zum Narren halten
- und morgen werden all die Mechanismen aus Egoismus und Gleichgültigkeit weiter walten
und er wird wieder in die Arbeit gehen
und abends zu den Sternen aufsehen.

Geld

Da meckert manch reiche Krähe: Auch in einem goldenen Käfig habe man Pflichten
die einem so manche Freiheiten vernichten
- und so klagen etliche Goldgeier, gackern und heulen
man würde ihnen gar ihre besondere Bedeutung und Würde verbeulen
denn ihnen gebühre eine besondere Achtung, Schutz und nette Ruh
und gehorsame Politiker und Rechtssysteme für die Reichsten gehörten dazu
- und so kannst du an Gitterstäben rütteln wie du willst
doch verbeuge dich und diene – dass du den Mächtigen gefällst
damit auch etwas für dich in deinem engen Käfig abfällt
von einem sich unerreichbar auftürmenden Haufen Geld.

Frage

Da fette Maden
dort dümmliche Schaben

hier geile Fresser
da Säufer und Lästerer:
Da reichlich eitle Damen
wie lauernde Spinnen
oder dort stolzierende Herren
mit hungrigen Sinnen
mal als eitel-grelle Weiber und Männer
oder wie graue Schlachter - und die anderen die Lämmer
erstere schnell zu einer gierigen Paarung bereit
wobei auch mal viel Überheblichkeit aus dem Halse schreit
dabei so manche mit wilder Seelenlust und andere mit kalten Herzen
und oft unter Betonung der eigenen Schmerzen
- doch manche sind wie ein zarter Schmetterling
bunt und schön mit feinem Sinn
wie eine Biene fern aller fetten Maden
und einer Liebe fern aller dümmlicher Schaben
und es ist ein Wunder, so jemanden zu haben
- kannst du das auch für dich so sagen?

Gequake

Halten andere dich mit deiner lächelnden Sanftheit auch ein bisschen für ein Schaf
- denn du bist besonders mitfühlend, freundlich, hilfsbereit und brav -
und missachten dich andere für deine geduldige Einfühlsamkeit
sehen in ihrer Dummheit nicht deiner Liebe Kraft und Weisheit
sondern quaken wie Frösche um etwas irgendwie besser zu wissen
denn ihre Herzen brauchen ihre Eitelkeit und Machtspiele als Ruhekissen
um sich über Andere zu erhöhen und wichtig zu sein
- denn im Herzen fühlen sie sich irgendwie unsicher und klein -
dann weißt du: Deine Qualitäten würden die anderen auch gerne haben
jedoch fehlen ihnen dazu leider die Gaben.

Dankbarkeit

Seine / ihre Lebenszeit
war bestimmt von der Enge einer Achtlosigkeit
denn er/sie war ohne besonderes Erbe oder Leistungsfähigkeit
und so stand nur eine der untersten gesellschaftlichen Treppenstufen für ihn/sie bereit
und die Geringschätzung drückte wie ein körperlicher Schmerz
missachtet rollten alle Hoffnungen Tag für Tag abwärts
und doch hielt er/sie an sich selbst fest wie an einem dünnen Faden
wollte eigentlich schreien und konnte doch nichts sagen

nur darauf konzentriert mit etwas Selbstachtung durchzuhalten
um nicht bei Seite geschoben verbittert zu erstarren und zu erkalten
- und so verging scheinbar unauffällig die Lebenszeit
nur mache Wohlhabenden klagten: Wo ist seine/ihre Dankbarkeit?

Unsichtbar

Es war mal wieder so ein beschwerlicher Tag
den man lieber „hinter sich" als vor sich sehen mag
denn ich rannte gehetzt und gehorsam immer weiter – und an mir vorbei
weil es hieß, dass es sei gut, wenn man diene und sich füge, bis man erschöpft sei
und so hörte es nicht auf: Das Vergehen und sich für andere Ausnutzen lassen
denn das Herz wollte bei voll Liebe, Geborgenheit und Achtung die Momente erfassen
also hatte ich lange geübt, mich schützend hinter Fassaden einzurollen
um der Geringachtung, Ausnutzung und Vergänglichkeit nicht zu viel Tribut zu zollen
und mir in der Fantasie Welten gegen die Verlorenheit und Einsamkeit zu erschaffen
voll faszinierender Bilder für ein freies Leben und unerschütterliches Hoffen
tief und unsichtbar in mir verborgen:
Denn Freiheit wird durch Fantasie, Achtung und Ideale geboren.

Gott und Realität

Gott – das wäre eine Macht
die Gerechtigkeit schafft
und Unglück und Leid abwendet
zudem den Lebenden verspricht, dass ihr Leben nie endet
und dafür nicht mit täuschenden Visionen blendet
sondern sich besonders den Schwachen, Verletzten und Traurigen zuwendet
also ein allumfassendes und wirksames Ideal
- doch leider in dieser Welt nur erdacht und nicht real:
So begrüße heute erneut die dich erwartende Last und Qual
und warte auf einen handelnden Gott ein weiteres mal
sind deine gepflegten Träume inzwischen auch ohne Zahl.

Nicht gefangen

Lasse dich nicht von billigem Geltungswahn fangen
nicht festhalten und nicht zu viel nach eitlen Schemen verlangen
und bewahre dir deine Illusionen, die du dir reich und selten laut
hast aus Liebe und Sinnlichkeit bunt zusammengebaut
geboren aus einer Zärtlichkeit und Zuneigung, die dich hält
dass keiner vom schmalen Sims des Lebens fällt

und keiner vorzeitig in eine einsame Düsternis steigt
die manchen leidvoll schon vor dem Tod ereilt.

Täglich

Schöne Oberflächen, makellos und glatt
mit elegantem Gehabe - doch leider oft gemein und matt
und nur egoistisch mit schönen Reizen spielend und lockend
denn eigentlich sind sie wie Geier auf einem Aas hockend
listenreich, bis sich ein Schwächerer in ihrer Falle verfängt
und den faulen Jägern gute Beute bringt:
So warten sie mit versteckt scharfem Schnabel und Krallen
um über ein gutmütig hoffendes oder schwächeres Opfer herzufallen
und dann geschieht es das sie sich kurz bewegen
um sich gierig hackend einen Moment zu regen
bis sie ihre Beute verschlungen haben
um sich daran ausbeuterisch zu laben
- das sei etwas, dass es nur im Tierreich gibt?
Doch ist das nicht etwas, das man täglich sieht?

Lebenszweck

Sprach der „Große" zum Kleinen:
„Du sollst meine erhabene Stellung nicht verneinen
denn würdest du dich noch tiefer bücken und höher strecken
dann würdest du wie ich auch bald über andere hinwegblicken."
Darauf antwortete der Kleine:
„Chancen lässt du mir aber keine
denn dafür müsstest du auch meine Lage wirklich sehen
und nicht nur schwätzend und ätzend über und auf mir stehen."
Doch der eine bückte sich nicht von seinem hohen Kapital-Berg
und der Kleine blieb mangels Möglichkeiten ein Chancen-Zwerg
und so redete und handelte der Große gut gelaunt weiter über den Kleineren hinweg
denn diese „Erhabenheit" war sein Lebenszweck.

Wie?

Über andere Triumphierende voll Überheblichkeit
beschmiert mit dem Schleim der Eitelkeit
dabei aufgeblasen wie ein Luftballon
voll gepumpt mit Arroganz und Hohn
zudem geübt im Täuschen, Verschweigen und Wegsehen

mit Opportunismus, Machtstreben und Verdrehen
in einem versteckten Spiel um Geld und Geltung
voll Selbsterhöhung, Lüge und Verachtung
dabei die Liebe nur als Schminke und Fassade herausgeputzt
doch Wahrhaftigkeit- und Liebe-Suchende als Diener benutzt
so dumm und in sich gefangen wie Würmer und Wanzen:
Geldpöbel, Geltungssüchtige, Politiker und Hofschranzen – wie werden wir sie los im
Ganzen?

Nützlich
Schmerzliche Endgültigkeit
und lästige Verwundbarkeit
dazu stinkende Eitelkeit
und lastende Alltäglichkeit
mit einer Portion Verlorenheit
und einer oft kaum verhüllten Würdelosigkeit
- dagegen müssen wir unsere Hoffnungen wie Zierpflanzen kultivieren
um nicht an dieser Mischung der ...keiten zu erfrieren
und deshalb liebe die still und sanft all die immer noch Hoffenden:
Es sind die immer noch an die geschlossenen Türen des Lebens pochenden.

„Heftig" belagert
Wie seit ehedem von Jahr zu Jahr
stellt sich die Riege der viel Produktivvermögen Besitzenden selbstgefällig als bedrohte
Spezies dar
„heftig" belagert von den wehrlosen Menschen ohne großes Produktivkapital
die nur ihre Arbeitskraft haben – und es gibt sie „glücklicherweise" in so reichlicher Zahl
dass man deren Einkommen über den Wettbewerb stets gründlich drücken kann
 - und wenn die doch mal eine Macht haben verschwinden die Wirtschaftsmächtigen in das
Ausland sodann
denn über die Grenzen hinweg ist das Kapital immer gefragt, flexibel und diskret
was ganz schnell jeder, der renitent eine gleiche Teilhabe fordert, durch angedrohte
Arbeitslosigkeit „versteht"
denn die vielen nur Arbeitskraft-Besitzenden können sich nicht ebenso wirksam verbünden
und so mangelt es den Produktiv-Kapital-Herrschern nicht an für eine Erpressung geeigneten
Gründen
um einer gerechten Teilhabe der Arbeitskraft-Besitzenden den nackten Teilhabe-Po zu zeigen
- ach, wie können Kapital-Herrscher die „freie" Marktwirtschaft doch gut leiden
und den Zusatz „sozial" schenkt man dann eben in unvermeidlichem Ausmaß dazu
denn das stört dann weniger in den Villen die leuchtende Selbstherrlichkeit und selige Ruh´

zumal das „Soziale" die Schwachen über ihre Beiträge und Verbrauchssteuern weitgehend
selber bezahlen
denn sie hätten ja die Freiheit, sich ein „anderes" System oder Leben zu wählen.

Eilen
Oft hast du an den Türen der schönen Welt gewartet und gerüttelt
und die Welt hat dich oft einfach wie ein zu leichtes Blatt abgeschüttelt
deine Wünsche und dein Flehen übersehen und überhört
dein Hoffen missachtet und dein Seelengleichgewicht gestört
standest du auch fleißig und lange vor den Toren einer schönen Welt
so war es ihr ein Spaß, dass sie gerne viel verspricht und wenig hält
damit die Menschen sich fügen, ducken, arbeiten, warten und eilen
um nicht zu selbstzufrieden zu verweilen.

Toll
Dein täglicher Zirkus: Du springst durch einen Reif
wedelst auf Zuruf mit Kopf und Schweif
jonglierst mit Gedankenbällen auf Kopf und Nase
tanzt auf Befehl auf untertänige Weise
galoppierst für diese und jene gehorsam im Kreise
und zeigst dabei eine nette Unterwürfigkeitsgeste
ziehst du auch mit hängenden Schultern schwere Wagen
mit ganzjährig geschminkten Faschingsgarden
für gnädig zugeworfene Bonbons und andere Brocken
denn sie werden dich weiter einspannen und dennoch möglichst wenig locken
und du wirst sie dafür weiter bedienen und tragen
und trotz der Demütigung versuchen nicht zu verzagen
denn die Starken zwingen dich in diese Rolle
und das ist für sie das Tolle
- übertrieben sei diese Sicht, denn sie würden dir viel Gutes geben?
Du darfst zu ihnen aufblickend leben.

Frei
Ohne schönes Erbe und ohne freie Grundsicherung in engen Bahnen gefangen
wird jedes Aufbegehren von Geld-Schwachen seit jeher sicher niedergezwungen
denn die Idee gleicher Achtung für Schwache wird von Anfang an unterbunden
weil im „freien" Wettbewerb immer die großen Erben und Geld-Starken mehr als die
Schwachen gesunden
- das gebe es nicht mehr? Dass sei mit unserer sozialen Marktwirtschaft vorbei?

Auch törichte Träume sind frei
und werden besonders gerne von den Kapital-Starken gepflegt
wenn sich ein Widerspruch gegen den naiven Glauben an einer gerechten Marktwirtschaft
regt.

Fantasiereisen

Die Leistungsschwachen – wann werden sie nicht mehr in Form von Geringachtung
geschlagen?
Wann werden sie ein Leben mit gleicher Achtung und teilhabender Freiheit haben?
Wann werden die Starken die Lage der Schwachen mit gleicher Würde verbessern?
Doch da sind zu viele Mächtige mit ihren Handlangern, geschickt hantierend mit
unsichtbaren Messern
aus Vermögen, Einfluss und gekauften Vertretern, die nach „Recht und Gesetz" darauf
verweisen:
Mit den falschen Genen und Eltern musst du dich beugen und in die fernen Länder der
Fantasie reisen.

Seele

Treue, liebevolle Seele: Was ist dein Lohn?
Ehrliche Haut: Wie oft bekommst du dafür Hohn?
Hingebungsvolles Herz: Welchen Dank und Schutz hast du denn schon?
     Und du mutiger Geist: Wer stützt und stärkt dich bis zuletzt?
     Fürsorglicher Sinn: Welcher Geltungswahn ist's, der dich verletzt?
     Und du tiefe Liebe: Wer stützt dich, wenn der Alltag dich bis zur Erschöpfung hetzt?

Anpassung

„Da muss man durch"
und: „Das wird schon noch"
wie auch „Das muss so sein":
meint bisweilen nichts anderes als: „Füge dich, denn sonst machen dich andere klein."

Glücklich, liebend, wehrhaft

Beachten andere dich als „nützlichen Idiot"
so sitzt du in dem Moment im falschen Boot
und es ist Zeit, das Boot davon treiben zu lassen:
Mögen sich die Egoisten und Egomanen mit anderen befassen
denn eitel und überheblich vagabundieren immer welche herum
schmarotzen von Schwächeren und hoffen, die Unterlegenen machen sich krumm

- doch das beträfe dich nicht, denn keiner würde dich als nützlichen Idioten missachten?
Dann bist du als besonders glücklich, liebend oder wehrhaft zu betrachten
denn manchmal zeigt sich so etwas hinter Höflichkeiten versteckt für ganze Gruppen
die sich Schwächeren gegenüber nur in ihren versteckten Kreisen als überheblich und
raffgierig entpuppen.

Verschlossene Seelenkammer
Rasch verderblich ist guter Seelenproviant
denn auch ein guter Vorrat an Liebe und Mitgefühl werden flüchtig wie feiner Sand in der
Hand
wirst du überschüttet mit Missachtung, Überheblichkeit, Eitelkeit und anderen dunklen
Schatten
weil Andere in ihren Seelenkellnern zu viel ätzende Geringachtung und Herzkälte hatten
womit dir manchmal nur bleibt, deine Seelenkammern gut zu verschließen
um nicht an den über dich hinweg flutenden Missachtung ganz zu verdrießen.

Würde
Du läufst weg?
Suchst ein Versteck?
Weg von all den politischen und menschlichen Täuschungen und dem Dreck?
Denn da folgt zu vieles keinem liebenden Zweck?
Dient zu sehr der Ablenkung, Irreführung und Betäubung?
Einem Unten- und Stille-halten statt Achtung und Befreiung?
Mächtige Egoisten wollen dich gebeugt und stumm in oft falscher Arbeit halten?
Damit du und deinesgleichen sich nicht wehren und stolz walten?
Doch du kannst die Masken ihnen nicht runterreißen?
Weil dich sonst ihre Lakaien und Anwälte blutig beißen?
Gewiss, du hast recht, dass dies immer wieder geschieht
doch laufe nicht weg – weil man sonst dich und deine Würde noch weniger sieht.

Tür
Das „Wir"
war ihm / ihr
leider kein Lebenselixier
sondern so angenehm wie abgestandenes Bier:
Geltungssucht und Egomanie waren ihm/ ihr die schönste Zier
und so verhielt sie / er sich eher wie ein sprachbegabtes Tier
gegenüber anderen oft mit achtloser Gier
und verletzender Manier

weshalb mir
nur eines blieb: Die Tür
dass meine Seele nicht gefrier´
neben ihr.

Affen

Das Bedürfnis sich über andere zu erheben
ist oft zu gemein und verlockend, um es abzulegen
und so erlebt die Welt jeden Tag neue Überheblichkeit
zur Herabwürdigung anderer und Selbstüberhöhung bereit
innig bemüht, andere herabzusetzen und zu beugen
um sich so von einer eigenen majestätischen Größe zu überzeugen
kaum behindert durch Einsicht, Achtung oder Mitgefühl
den eigenen Stolz so aufgeblasen wie dumm und kühl
um mit Macht- und Imponiergehabe irgendwie abzuheben
und ungeniert über anderen zu thronen oder gar zu schweben
denn dieses Bedürfnis stören kein Verstand und keine Herzlichkeit
es sei denn, andere stolzieren noch erhabener in ihrer "Herrlichkeit"
bestrebt zu zeigen wie kümmerlich andere in ihren Augen sind
damit die Herabsetzung anderer eine ordinäre Befriedigung bringt
- ohne je zu erschrecken wie dümmelnd sie sich zeigen
und bisweilen mehr zum Affen als zum Menschen neigen.

Wanzen

Zu Wanzen
mit zu großem Maul, Magen und Ranzen
werden im Ganzen so manche durch ihre Gier
nach Macht und Geltung – wie ein Tier
dass fern aller Einsicht über andere hinweg geht
weil es glaubt, dass es über allen andern steht
und sich doch nur wie eine Wanze benimmt
womit das Verhältnis zwischen Verhalten und Hirnvolumen bei Ungeziefer stimmt
was aber von so manchem Geld-prallen und Macht-geilen Miststück nicht zu sagen ist
dass anderer Menschen Glück vergisst.

Dummes Huhn in eingebildeten Kleidern

Du hoffst die Eitelkeit
sei wie ein bald zerrissenes Kleid?
Und herrischer Stolz

erweise sich schnell als fauliges Holz?
Und eine Macht-lüsterne Überheblichkeit
sei vielleicht nur eine kurze Episode voll Gemeinheit?
Wie auch die gesellschaftliche Rücksichtslosigkeit
nur ein Missverständnis von kurzer Zeit?
Besonders die gegenüber Schwächeren gelebte Mitgefühllosigkeit
sei ein rasch verwehter Dreck für die Vergänglichkeit?
Doch kaum etwas davon vergeht mit der Zeit
denn viele sind diese Kleider zu tragen gerne immer wieder bereit
weil es der eigenen Eitelkeit und dem Stolz schmeichelt
besonders wenn man Anderen gleiches vereitelt
denn so manche/r glaubt sich auf der Hühnerleiter weit oben:
Als dumm gackerndes „erhabenes" Huhn fühlt sich so manche/r schön hochgehoben.

Tierisch

Einer Maus Vorräte sind am enden:
So muss sie an Katzen vorbei aus ihren Höhlengängen.
Und eine Amsel pickt am Boden mit viel Zeit:
Doch auch hier sind lauernde Räuber nicht weit.
Und ein Fisch taucht auf und sieht heraus:
Und wird dabei eines Storches Schmaus.
Und jemand sucht Liebe und öffnet sein Herz
und wird von Einer/m ausgenutzt voll Schmerz.
Und da versteht jemand nur die Jagd und nicht die Zärtlichkeit
und zerreißt leichtfertig ein sanftes Band liebender „Unendlichkeit"
- denn stets schleicht jemand herum und wetzt die Krallen
um mit tierischem Vergnügen dumm oder gemein über andere herzufallen.

Erwartung und Verachtung

Als ich neulich - so um die 60 Jahre – auf meinem Tretroller um die Kurve kam
waren da zwei Kinder von etwa 10 Jahren, die dies sah'n:
„Hast du schon mal so einen alten Mann auf einem Roller gesehen?"
Sie konnten meine alte Lust an der Bewegung nicht verstehen
denn eng und stark ist vieles, das wir als „Rollen-gemäß" erwarten
womit so manche rasch in eine Verachtung geraten.

Breiter Hintern

Du redest heftig von „Leistungsgerechtigkeit"
und dabei werden dir Mund, Brust und Hintern breit

doch dass der Begriff nur ein Gedankenbetrug ist
der den Schwächeren ihre Teilhabe auffrisst
das hast du bis heute nicht verstanden
und dich doch dabei toll als was Besseres empfunden
denn ein einer Leistung entsprechender Lohn
hat noch lange nichts mit Gerechtigkeit zu tun
denn dazu musst du die Anstrengungen und das Arbeitsleid der Schwächeren sehen
deren Interessen und Verzicht durch mühevolle Arbeit und Unterhaltspflichten verstehen
denn Gerechtigkeit bedeutet eine gleiche Würde und Achtung
also eine Interessen-, Arbeitsleid- und Möglichkeiten-Betrachtung
womit es viel mehr als nur die Entsprechung einer Leistung mit einem Einkommen ist
und das Wort „Leistungsgerechtigkeit" nur ein dummer oder raffiniert der Irreführung
dienender Mist
- weshalb ich nun hoffe, dass du das Wort nur aus Dummheit verwendest
und nicht mit protzigem Egoismus die Menschenwürde vorsätzlich ausblendest.

Alltag

Dein Weg durch die Welt
ist oft eng und verstellt?
Die meisten Gipfel sind umlagert
von Lumpenpack, das dich bedrängt und mit dir hadert?
Und man drückt dich nieder oder lässt dich nicht ein
das Leben sei zu flach, unzulänglich, schnöde und gemein?
Denn überall sind Egoismus, Herzlosigkeit und Schleim
Täuschung, Betrug, Falschheit und täuschender Schein?
Und bisweilen bist du bei all dem Getue auch dabei
mit Ängsten, Verzagtheit, bedrückend und unfrei?
Du hast Recht, genauso ist es und wird es bleiben
und du musst dich damit irgendwie bescheiden
denn du kannst zwar träumend nach besseren Welten verlangen
aber das nützt nur wenig gegen Gemeinheit und Bangen
denn alle Wege und Tore dieser Welt
sind schlicht gebaut, klemmen oder sind verstellt
und du musst deine Tage mit mühsam verteidigtem Stolz durchleben
denn ohne dies würden sie nur noch bedrückter vergehen.

Verkehrt

Ein gutes Leben
ohne erbärmliches vegetieren
braucht viel Mitgefühl und Liebe

Rücksicht, Humor, Weisheit und lebendige Triebe
denn die Seele ist wie ein schmales Boot
und gerät schnell in schwere Not
klopft eine Missachtung (oder gar der Tod) an
oder wenn eine Liebe verrann
oder eine Gemeinheit gewann
weil ein Mächtiger einen Schwächeren niederdrücken kann
womit das kurze Gedicht nur zeigt oder lehrt:
Manches läuft gründlich verkehrt.

Schein
Du übst dich in geschauspielerter Überlegenheit
      denn du bist schön – oder reich - und dafür stehe dir zu, begehrt zu sein
doch du bist herzlos von herablassender Überheblichkeit
      und so kalt wie ein steriles Bild von der Stirn bis zum Bein
und darum wirst du kein Liebesversprechen halten
      denn dir fehlt ein herzliches inneres strahlen
mit deinem egoistisches locken und festhalten
      schielend auf hohe Einkommens- und Vermögenszahlen
stolzierend in deiner durch-kalkulierten Kulissen-Welt
      scheinbar herausgehoben über der anderen Sein
doch was dir selber kaum auffällt:
      Du fällst selbst herein auf deinen äußeren Schein.

Die einen sind unten, weil die anderen oben sind
Die schöne Zukunft wollte nicht kommen
und wenn sie kurz aufleuchtete war sie gleich verronnen
denn sie wandte sich anderen zu und ließ dich beiseite stehen:
So wirst du weiter am Rand entlang gehen
und arbeitsam nach den Krümeln fassen
die Reiche und ihre Gehilfen für dich fallen lassen
- das sei eine völlig übertriebene Sicht?
Die Verteilung von Geld und Freiheit folgt einem trübe rußenden Licht.

Gute Politik
Mit Angst und Geringachtung können Menschen nicht zusammenfinden:
Nur ein gemeinsames Glück kann sie verbinden
und das gilt im Großen wie im Kleinen
- was viele Politiker und ihre reichen Dirigenten nicht zu wissen scheinen.

Da willst du hin?
Du machst dich vor dem Spiegel schön und erhaben
mit deinen netten und unterhaltsamen Gaben
denn du möchtest so gerne zu den „Oberen" gehören
auch wenn die Mächtigen am liebsten nur unter sich verkehren
und sorgsam auf sichtbare wie unsichtbare Schranken achten
dass keine „Unteren" sie mit ihren Anliegen befrachten
und sogar dein Mienenspiel hast du schon geübt angepasst
damit weder Auftritt noch Kleidung einen Zweifel lässt
dass auch du zum Kreis der „Höheren" berufen bist
- was des Lebens Zufall und keine besondere Ehre ist
denn die da oben leben mit dem launischen Glück der Gene und Eltern so wie du
nur war das Schicksal zu ihnen freundlicher - aber das geben so manche nicht gerne zu
und so manches „obere" Huhn braucht all sein belehrendes Gegacker und Stolzieren:
Ohne diese Schauspielerei würde Sie oder Er wie ein gerupftes Huhn frieren
spätestens, wenn die Kulisse der Erhabenheit in sich zusammenfällt
und ein jeder nur noch sein normales Leben in Händen hält.

Ruinen
So manches Gedicht ist eine Vision und Petition:
Es enthält eine Bitte und ein Aufbegehren gegen Gleichgültigkeit, Schmerz und Hohn
und doch wird auch das schönste Gedicht oft rasch vergessen oder übersehen
weil viele ohne eine Vision versuchen, leicht weiter zu gehen
um nicht an unerreichte Ideale und Paradiese erinnert zu werden
als Hoffnungs-Ruinen auf Erden.

Verpasst
Das Leben ist kurz und voller Hast
und zudem hat man schnell eine Chance verpasst
zudem kam oft eine wirklich gute nicht vorbei
und so murmelst du leise: „Dem Schicksal ist vieles einerlei"
womit sich deine Enttäuschung duckt oder leichter abklingt
was dir mit Übung mit zunehmendem Alter immer besser gelingt
und dir in einer oft rücksichtslosen Welt eine Selbstachtung schenkt
wofür dich manch Mächtiger mit einem „Seht, wie würdevoll bescheiden man sein
kann" bedenkt
denn es ist praktisch, bleibt die Würde ein möglichst kostenloses Gut
und du schluckst stumm voll Bescheidenheit deine Resignation und Wut.

Leitbilder einer angeblichen „Leistungsgesellschaft"
Es gibt genug Leitbilder und -gestalten
die werden nie das „Versprechen" - für dich real zu werden - halten
weshalb du ein Suchender, Hoffender und Enttäuschter bleibst und bist
der an seiner eigenen Unvollkommenheit täglich kaut und frisst
und in allerlei Schwächen und Vergänglichkeit wühlt
während ein unstillbares Feuer der Sinnlichkeit und Anerkennung in dir glüht
wo Geld-Mächtige dir Diener-Karriere-Bildchen vor die Nase halten
angefüllt mit gaukelnden Leitbildern und flüchtigen Gestalten
raunend: Du musst mehr Gewinn erbringen und Geld ausgeben
sonst bleibst du gesellschaftlich unten liegen
und bedenke: Sogar in der Liebe regieren gesellschaftliche Stellung und Vermögen
also solltest du dich mit ganzer Kraft unserer Macht und unserem Geld hingeben
denn nur dann sorgen wir dafür, dass du etwas giltst
- also achte genau darauf, dass du dich an das Spiel hältst.

Ein Gott mit „seiner" Erde
Wandelte Gott auf Erden: Er hätte erhebliche Probleme
die er als Schöpfer selbst verursachte – und das sind nicht wenige
und darum würde man versuchen ihn als Verursacher übelster Leiden zu ergreifen
- allerdings könnte er dank seiner Macht auch stets wieder entweichen -
um inkognito weiterhin zwischen Menschen zu wandeln
und zum Beispiel mit Bibeln und Andenkenbildern zu handeln
denn solange er keine sichtbaren Heilungen macht und Steuern zahlte
reichte dies, dass es ihm seine Unsichtbarkeit unbehelligt bewahrte
denn offensichtlich liebt er den Rückzug in ein gemütliches Heim:
Sieh nur all die Leidenden, Gedemütigten und unglücklich Liebenden, missachtet und allein
obwohl ihm die Welt seit ihrem Anfang gehört
wobei ihn all das Leid - zumindest soweit sichtbar – nicht stört
denn gemessen an seiner Untätigkeit ist sein größtes Problem nicht all die Qual
bei den Menschen und Kreaturen, abgrundtief und fast überall
denn er lässt sich nicht blicken um sich darum mitfühlend zu kümmern
auch wenn er sieht, wie Menschen gedemütigt vergehen, schreien, leiden und wimmern
so lässt er sich doch fleißig feiern, anbeten und verehren
um schweigend und fern sein heilendes Wirken zu verwehren
denn müsste er die Fülle unglücklicher Leben selber ertragen
so müsste er eigentlich in bitterer Freudlosigkeit an sich verzagen
oder flüchtend in seinen Himmel entfleuchen
um Engel zu lieben und in unendlichen Weiten alles vergessend zu leuchten

um als Konstrukteur dieser Erde nicht täglich seine Fehler zu sehen
und als in wichtigen Teilen verantwortungsloser Erschaffer beschämt daneben zu stehen
- also zeigt er sich nicht und überlässt den Kreaturen Schmerz und Tod
übersieht geflissentlich alle Herzlosen, Schwachen, Makel und Not
weshalb ihm nur zu wünschen bleibt, dass die Menschen ihn nicht ergreifen
um ihn für seine Gleichgültigkeit gerecht auf ein Schafott zu schleifen
- und so ist es weiterhin zu unserer Ruhe und seinem Entzücken:
Er lässt sich weiterhin nicht fassen oder blicken.

Beerdigung der Achtung
Missachtung und – ein durchaus oft berechtigter - „Neid"
hängen wie schwere Steine am dünnen Hals der Zufriedenheit
und beugen und drücken die Seelen ohne sanfte Bande
bei jenen mit einem Leben am Rande
denn wo man sie übersieht, ausnutzt und missachtet
Eitelkeit und Gier nach der Würde anderer trachtet
die Reichen und Satten voll Verachtung agieren
andere übergehen und verletzend nur auf ihre hohen Ansprüche stieren
ist manches nur mit dem Ventil des sogenannten „Neides" zu ertragen
sonst verklumpt eine schleichende Übelkeit Seele und Magen
bei all den Belehrungen zur Schminke von Gefühllosigkeit und Unrecht
dass die, die unten sind, ruhig bleiben: Das sei doch zu Gunsten aller nicht schlecht
mit dem Appell, geduldig zu dienen als wahrem Lebenssinn
und die Gleichgültigkeit zu ertragen, heute und weiterhin
mit der Behauptung ein Neid sei immer falsch, denn dieses System sei gut
- auch wenn die Achtung der Schwächeren längst beerdigt ruht.

Kurz gesagt
Wenn das Schicksal schon in frühester Jugend nur Übles scheißt
bleibt es nicht aus, dass ein Leben entgleist.

Märchenwelten
Wir leben in einer zutiefst schadhaften Welt
die neben viel Unzulänglichkeit oft noch mehr Gleichgültigkeit bereit hält
weshalb es viele Menschen zerbricht und achtlos verbraucht
beiseite und nieder tritt und schmerzhaft ausbrennt und verraucht
obwohl jeder Tag doch scheinbar allen beste Chancen und Liebe verspricht
auch wenn zu viel davon von Anfang an achtlos zerbricht
während wir in Reden von Mächtigen und ihren Dienern lesen:

Wir seien eigentlich in einer Märchenwelt der Menschenachtung gewesen
doch seien zu viele zu schwach, sich das zu erarbeiten und zu nutzen
darum sollten die Schwachen und still und dankbar bleiben und bei den Mächtigen putzen
denn die Schwachen begännen seit jeher den größten Fehler von allen:
Dass alle Menschen gleichwertig leben wollen.

Geist und Arsch

Geölt durch Überheblichkeit
sucht man bei anderen stets eine Lücke zur Demonstration eigener „Erhabenheit"
angetrieben von Wahnbildern eigener Größe in einem dadurch doch engen Hirn
mit hochfliegenden Illusionen und zu wenig Mitgefühl hinter der Stirn
denn man möchte sich nicht den Anschein zu verderben
- Einsicht öffnet bisweilen eben auch einen unangenehmen Blick auf Scherben
dass die eigene „Erhabenheit" nur nach Illusionen fasst
weil die Ehrlichkeit nicht zu den eigenen Schwächen passt
womit keine Kraft mehr bleibt
für den einfühlsamen Bau einer schönen Gemeinsamkeit
- und so ist der Geist der Überheblichkeit
meist wie der Arsch der Anmaßung so breit.

Freiheit den Starken

Das System des Lügens
des sich zu zurecht Biegens
des Schweigens und der vorgeschobenen Gründe
der Missachtung anderer zur Mehrung eigener Pfründe
des Schutzes der Macht und des Vermögens durch Wegsehen und Schweigen
der Herzlosigkeit hingenommener Armut, Angst und Leiden
beginnt und wächst zunächst ganz unscheinbar und klein
mit etwas Vergessen, etwas Übersehen und falschem Schein
mit einer Freiheit für die Starken als billiger Vorwand zur eigenen Bereicherung
und für die Schwachen mit einer schleichenden Erniedrigung
denn so ziehen die mächtigen Kleinherzigen ihre Linien, dünn und fein
um sich abzuheben mit ihrem ausgepolsterten Sein
für so manche Gedrückten noch mit einem Tritt
für den eigenen erhabenen Damen- oder Herren-Ritt
in einem Sattel aus Erbschaften, Machenschaften, listiger Macht und geschminkten Lügen
doch alles gesetzlich - damit das Ansehen und die Vermögen der Mächtigen aufblühen
während die Geduckten hilflos und doch oft gutmütig in ihre Innenwelten fliehen
damit sie einigermaßen erträglich in sich und gesellschaftlich am Rande stehen
denn dafür ist „man oben" dann auch bereit die da unten zu ertragen

- schließlich müssen „wir ja alle zusammen" das Leben gestalten und wagen.

Raubtiere
Niedrige werden nur als Diener beachtet - wusstest du das nicht?
Das ist seit alten Zeiten so - es ist des eitlen Raubtiers dummes Gesicht
also schaue hin, wie raffiniert sie den Schwächeren die Tage erschweren
und wie viel mit Ausreden und Gleichgültigkeit diese täglich niedergedrückt werden
wenn sie missachtet und unten gehalten werden, wo sie geachtet sein sollen
damit sie sich dienend ducken, mühen und einrollen
auch wenn sie endlos warten, aushalten und frieren
damit „Erhabene" sich sonnen und mit Luxus zieren.

Schein
Du stehst so stolz und „hoch" über mir: Im Beruf seist du ein wahrer Leister
doch Mitgefühl und Partnerschaft? Da bist du kein Meister
denn überall schaust du auf andere herab und stolzierst voll Erhabenheit
als geschmückte/r Affe/Äffin – Geltungssucht überzieht deine emotionale Ängstlichkeit
und so bist du nie sicher ob du nicht unter andere sinkst
denn du glaubst, du bist nur was, wenn du dich über andere aufschwingst
und so gehst du den Trugbildern vom Oben und Unten auf den Leim
mit all den Lügen: Es gäbe ein Oben – und nur dort könne man stolz sein
- auch wenn es stimmt: Die Oberen werden begafft und angehimmelt
und du kannst dich teurer verkaufen, doch dein Herz zappelt und schimmelt
und so bist du im Beruf und äußeren Erscheinen vielleicht ein Leister
doch wenn ich dein Herz erfühle: Das ist wie eingetrockneter, bröckeliger Kleister
ohne Souveränität, Mitgefühl, Mut und Herzlichkeit
und so ist jeder echte Weg des Herzens für dich zu weit
und dein geschäftlicher Verstand ist gut, doch die Weisheit klein
na denn: Genieße deinen Schein.

Die Antwort ist Schweigen
Du siehst unfassbares Leiden
brutal zugefügt oder als Unglück kaum zu vermeiden
als Werk eines üblen Zufalls oder der ewig Herzlosen, Gierigen und Feigen
womit uns Gleichgültigkeit, Gnadenlosigkeit, Krankheit und Tod begleiten
und so bittest du, es möge sich endlich ein besserer Weg zeigen
dass Menschen voll Achtung, Liebe und Zuversicht verweilen
und so drehst, wendest und fragst du dich – und findest als Antwort Schweigen.

Freie Wahl

Du hast die „freie Wahl" zu träumen
zu lachen oder zu weinen
manches zu nehmen und zu geben
aufzustehen und dich erschöpft niederzulegen
mit deiner begrenzten Kraft in deinem engen Raum
hingeworfen, gefangen, verloren und aufgefangen – getrieben oft nur von dem Schaum
den du dir mit Fantasie, Hoffnungen und Kraft erschaffst und erhältst
damit du nicht taumelst und fällst
unter den wenigen Möglichkeiten deiner „freien Wahl"
manchmal für nicht mehr als eine beiseite gelachte Qual.

Abstrakt ist es relativ leicht

Was abstrakt das Beste sei kannst du überall hören
denn Ideale lassen sich verbal recht einfach beschwören
- auch wenn bei so mancher/m nicht mal dafür das Gehirn reicht
weil das Denken nur einer tierischen Lustmaximierung gleicht -
doch geht es der Einsicht folgend an die realen Taten
mit Verzicht, Mitgefühl und Teilen – dann lernst du oft das lange Warten
bei anderen und bisweilen auch bei dir selbst
also sage, wie du es wirklich mit den Taten hältst
damit deine und anderer Lebensräume bewohnbar werden
nicht irgendwann oder -wo – sondern jetzt und hier auf Erden.

Meister der Macht

Fordern und verlangen zu können ohne selbst ein Leid zu tragen
ein Rechtssystem für die eigene Raffgier zu nutzen mit einem Mitgefühl wie Küchenschaben
damit gleiche Lebenschancen trotz gleicher Mühen und Leiden Schwächeren vorenthalten
bleiben
weshalb ganze Politiker- und Juristenheere Chancengleichheit nicht ernsthaft wollen und
schweigen
von einem „Oben" in der Gesellschaft träumen, von „Volkserziehung" und Spitzenpositionen
um im eigenen erhöhten Image badend wie kleine Fürsten über Anderen zu thronen
und dafür die Kapital-Mächtigen hätscheln und Kapitallose als angebliche Neider treten
um sich für Parteikarrieren wie Prostituierte in manches Meinungsbett zu legen
in Sorge, das Machtgefälle gegenüber Schwachen bleibe sonst nicht dauerhaft
und es entwickele sich gegen ihre gemeine Gleichgültigkeit eine explosive Kraft
- doch ruhig Blut: Politische Gemeinheit ist zwar reichlich verbreitet, aber meist gut verpackt
und die Gerechtigkeit bleibt so machtlos und nackt

und was ein chancengleiches Leben wirklich braucht
wird zynisch übergangen - bis eine Hoffnung geduckt und untergeben verraucht.

Jammerchor der reichsten Generation

Sie schwimmen wie Fettaugen in der dicksten Suppe aller Zeiten
doch sie jammern: Sie könnten wegen der Älteren nicht den allerhöchsten Reichtum erreichen
und sind sie auch die geschichtlich reichste Generation so vernimmt man lauthals ihren Seelenschnupfen
denn viele ergehen sich mit weinerlichem Klagen, Zetern und Schimpfen
über ihre ach so mageren Zeiten im Vergleich zum Reichtum der Alten in all den Jahren zuvor
und haben für deren Lebensstandard – als die in ihrem Alter waren – dumpfbackig kein Ohr
weshalb sie lauthals schwadronieren, es müsste doch noch mehr für sie selber sein
die Alten, die in ihrer Jugend weniger hatten, tragen mit ihrem Teilhabewunsch Schuld allein
denn obwohl sie ihnen den größten Reichtum aller Zeiten als Erbe hinterlassen
können sie wegen höherer Steuer- und Beitragsätze nicht maximal prassen
was nun die reichste und fetteste Jugend von allen weinerlich stört
also schreien sie, dass den Vergleich mit den Alten in deren Jugend keiner hört
- gespannt vor den Karren der Reichsten, die bei alledem am meisten gewinnen
wofür die Jungen gedankenlos gerne in einen Jammerchor einstimmen
jedoch wie Karpfen in einen trüben Gedankensumpf so beschränkt wie taub:
Die Alten hatten in ihrer Jungend weitaus weniger – doch das sage bitte keiner laut.

Dumme Vögel

Wo dich das Schicksal auch hin treibt
ist da immer eine Sie oder ein Er, der dich in eine blöde Hackhierarchie einreiht.
Immer hockt irgendwo ein arroganter Geier
kotzt auf andere wie ein übel launiger Reiher
um sich selbst herablassend zu erhöhen
indem sie dich dienern lassen oder übersehen?
Und ist Sie oder Er auch noch so im Herzen grau und zerzaust
voll übler Gefühle verkommen und verlaust
ängstlich und aggressiv auf Herrschaft angelegt
im Herzen durch nichts als Eitelkeit bewegt
so sind diese Vögel doch nicht zu vertreiben
weil sie sich überall über alles und alle neigen
- also musst du dich nur mal kurz umsehen:
Ist da nicht schon wieder ein Geier neben dir am herumsitzen oder -stehen?

Nicht alles gelingt wie gewollt
Der Mensch als Experiment
entwickelt sich teils ziemlich wüst und ungehemmt
und zeigt er auch oft Herzlichkeit und nette Verhaltensformen
so bleibt doch vieles, an das möchte man sich nicht gewöhnen
- weil es so mancher/m trotz des erreichten Alters nicht gelingt
dass Eitelkeit oder Besserwisserei nicht rüpelhaft mitschwingt.

Krumm gebogen
Du murrst, du fühlst dich missachtet?
Du knurrst, denn du wirst übel verfrachtet?
Man lässt dich Bücklinge machen und schleppen
denn du musst dich unterwerfen – ein endloser Lauf über zu lange Treppen?
Und du kommst nicht hoch, wirst immer wieder niedergedrückt
damit es anderen das Leben erleichtert und mit Erhabenheit schmückt?
Und du sollst nicht klagen, nicht pausieren, sondern dich immer wieder aufraffen
nicht revoltieren, nicht fordern, sondern dich anpassen an die mächtigen Affen?
Denn Proteste belasten die Laune der mächtigen und vermögenden Damen und Herren
es mindert ihre Renditen, für die sie dich benutzen, antreiben und in enge Räume sperren
- also sollst du besser lächeln beim erschöpfenden und mühseligen Treiben
wenn sie dich als "Kostenposition" behandeln – du sollst klein und unten bleiben
doch ich vergaß: Sie haben dich perfekt dressiert und erzogen
und es ist dir nun eine Freude, so zu leben: Krumm gebogen.

Schweigen als Macht
Niemand hat die Schwachen wirklich geachtet und ihnen zugehört
wie sie hoffen, flehen, bitten – weil es die Ruhe stört
und so bleiben ihre Rufe ein Flüstern
ihre Proteste ein leises Rascheln oder unangenehmes Knistern
wie eines Papiers, dass man zusammenknüllt
und wegwirft, dass es zu Boden fällt
wenig beachtet und störend, weshalb es nicht so recht zur „Gesellschaft" gehört
an den Rand gedrückt und irgendwie gestört
- und so sind Schweigen und Wegsehen eine große Macht
von Herrschenden und Herzens-Gleichgültigen zur Perfektion gebracht
um bequem und stumm Macht, Vermögen und Ruhe zu schützen
mag es auch den gering Geachteten die Seelen täglich blutig ritzen.

Gewährter Respekt

Man treibt dich an, man spannt dich ein?
Wie ein Esel akzeptierst du stoisch dein Sein und deine Pein?
Denn du lächelst und erhältst dir so deinen verbliebenen Stolz
tust so, als wärst du aus einem besonders zähen und harten Holz?
Du suchst dir private Nischen um dich zu behaupten
und verdrängst die Politik um dir nicht den Frieden zu rauben?
Denn du hast all die gefühllose Missachtung und Niedertracht satt
das höhlt dich nur immer mehr aus und macht dich matt?
Und so ziehst du dich den Reichen zum Gefallen bescheiden zurück
erfüllst ihrer Handlanger Erwartungen - das gefährdet am wenigsten dein Glück?
Und sie wissen es und sie bauen auf deinem Stillhalten auf
denn es garantiert ihnen einen ruhigen, erhabenen, luxuriösen Lebenslauf?
Erzählen sie auch, Geld mache nicht frei, nicht sinnlich, sei nicht wahres Leben
und so lässt du die Reichen und ihre Diener stetig von ihrer und gegen deine Freiheit reden?
Denn du bist unten angekommen, wo sie dich haben wollen
um sie nicht zu stören und gelegentlich Respekt zu zollen?
Du hast recht: Das ist der Frieden den sie dir lassen
zum Wohle ihres Ansehens und ihrer Kassen.

Gedanken

Wenn Gedanken Körper wären
würden sie schwitzen und frieren
wären immer wieder hungrig und nie dauerhaft satt
nach erfüllender Arbeit und Liebe zärtlich matt
und man könnte üble Gedanken einfach ausspucken
sie beruhigend umarmen, zärtlich loslassen und sanft zupacken
- doch da Gedanken nun mal keine Körper sind
sind sie für eine Ende vieler Leiden und Ungerechtigkeit nur ein säuselnder Wind
und stolpern oder stolzieren weiter über alle Gemeinheit und Eitelkeit
oft der Stelle: Für viele Hartherzigen sind sie zu kurz oder zu weit.

Vor Gericht, letzte Instanz

Was für ein Urteil wäre zu fällen
müsstest du alle deine Taten und Gedanken zusammenstellen
und du säßest über dich selber zu Gericht
ohne Versteck - auch das Glück des Vergessens zählte nicht?
Und alle Gefühle wären mit voller Wucht auszusprechen
nichts entginge deinem gewissenhaften Rechen

weder Freude noch Wut, Schweigen oder Schrei
Sehnsucht und Verzagen - alles wäre dabei
denn du wärst dein höchster Richter
als letzte Instanz und alles sehender Wächter
und so bliebe dir kein eisernes Lächeln oder Schweigen
um etwas unauffällig zu verdecken und zu zerteilen
keine nachgeschobenen Rechtfertigungen, seien sie noch so kunstvoll gebaut
aus Hoffen, Sehnen, Illusionen und Traumbildern zusammengebraut
und da wären nur noch deine Gefühle und deinen Leib
wie du dich mühst und vieles in dir schreit
- wie würde dein Herz beim Urteilsspruch pochen?
Und wie viel Gnade und Verständnis erhoffen?

Ein handelnder Gott wäre recht

Ein Gott sollte lernen
sich der Schwachen anzunehmen
statt den schwer Beladenen immer weiter Lasten aufzulegen
ohne ihnen genug Mut, Gegenwehr und Geborgenheit zu geben
denn solange er das nur in Glaubenssätzen beteuert, dass er das könne
ist so ein Gott wie eine undichte Badewanne
nur mit Gedanken gefüllt, der vielleicht ganz nett durch die Finger rinnen
und durch ferne Hoffnungen eine kurze Zerstreuung bringen
um Menschen von ihren Schmerzen abzulenken
wo Herrschende, Gemeine und Eitle zu ihrem Vorteil sie kränken
und fordern, sie mögen sich doch fügsam und still begnügen und einpassen
weil sie sich mit einer gläubigen Hoffnung leichter anketten lassen
auch wenn Herrschende sich zum eigenen Vorteil nicht an die Nächstenliebe halten
denn eine gelebte Achtung Schwächerer? In dem Sinne kann ja ein Gott schalten und walten.

Eitelkeit, Überheblichkeit und Possenreißer

All ihr unerträglichen Possenreißer
ihr eitlen, und arroganten Wortescheißer
ihr Betrüger und Besserwisser aus Überheblichkeit
ihr Lebensstilvorschreiber aus dummer Eitelkeit
und ihr Selbsterhöher ohne Mitgefühl und Verstand
ihr Verachter Schwächeren ohne Anstand
und ihr Neider gegenüber denen die schon wenig haben
um euch auch noch an Geringeren zusätzlich zu laben
als selbsternannte Volkserzieher ohne Moral:
Keiner braucht euch – schon gar nicht in der Zahl

denn ihr posaunt eure Phrasen in die Welt
dass sich der Mensch als Untertan daranhält
was er viel zu oft tut - weil er zu gutmütig ist
dass er euch allen nicht aufs Haupt pisst
die sich zu ihrem eigenen Nutzen produzieren
statt zu verstehen, zu helfen und wahrhaft zuzuhören
- gewiss, du hast recht, dass alles klingt übertrieben
aber schau mal hin: Wie viel weise Liebende sind z.B. in der Politik und Wirtschaft
übriggeblieben?

Welt
Es ist oft eine be- und entzauberte Welt
die vieles verspricht und teils wenig hält
weil sie so manche Seligkeiten offeriert: Oft nur im Traum
leuchtend wie ein bunter und warmer Lebensraum
- bis die Vision wieder schwindet oder zerschellt
an der Gleichgültigkeit der Welt
in Form einer Person oder einer Macht-Struktur
denn beides ist oft so achtlos wie stur.

Gehorsam
Den Weg in die Diener-Gesellschaft gehen wir schon lange
und den Aktiengewinnern und ihren Politikern wird dennoch nicht bange
denn das Netz der Täuschungen zur politischen Unterwerfung ist fein
stark vernäht von sich anbiedernden Karrieristen mit täuschendem Schein
gewebt aus Weglassungen, falschen Betonungen und vorenthaltenen Informationen
einem Wegsehen und Interpretationen, welche die Rechte Schwacher unterhöhlen
wobei sie denen da „unten" gerne Unfähigkeit, Faulheit und Gelderschleichung vorhalten
während sie oben mit angeblicher Moral und Fürsorge im Interesse Schwächerer walten
und natürlich ist jeder selber schuld, wenn keine Überlegenheit in seiner Wiege lag
wenn ihm die Macht des Vermögens fehlt und er nur seine Arbeit anzubieten vermag
und weniger Leistungsfähigkeit als eine moralische Schuld anzusehen ist
die es „rechtfertigt", dass er dankbar und demütig gebeugt schwitzt
damit Besitzende als Edel-Menschen sich über Andere erheben
und luxuriös durch die Entbehrung und Mühen der Anderen leben
- während „die da unten" möglichst treue, dankbare und demütige Diener bleiben
um nicht die Freiheit, Achtung und den Stolz der Reichen zu teilen
und so gehen wir den Weg in die Diener-Gesellschaft schon lange
den Herrschenden wird auch im Namen „ihrer" Gerechtigkeit dabei nicht bange
und wenn die unten nicht mehr wollen? Man kann das Vermögen ins Ausland bringen

bis die Schwächeren wieder gehorsam der Reichen Lieder singen
und darüber ihre Interessen vergessen:
Schließlich können sie sich nicht mit den Reichen messen.

Ein Plan für einen Gott

Anweisungen für einen Gott: Beginne mit feinster Seide
und schneide daraus nur Stücke ohne übertriebene Weite
ordne sie sodann für eines Leibes häutigen Überzug
stets glatt und doch mit kleinen Fältchen, geschwungen und gut
denn weich und warm anzufühlen sei der anschmiegsame Leib
wohl proportioniert für eine ergreifende Sinnlichkeit
und füge zarte Linien und empfindsame Punkte hinzu
geschaffen für der Liebesspiele Ansturm und Ruh'
und die Augen seien munter wie ein Wasserspiel
die Muskeln und Sehnen deutlich, doch nicht zu viel
und der Bauch wölbe sich nicht allzu sehr vor
und dem Manne gebe etwas, dass sich für die Liebste hebe empor
und pflanze den Geschöpfen eine zärtliche Sehnsucht unter die Haut
sorge dafür, dass sie passend zueinander sind gebaut
auf das sie sich möglichst oft und lange finden und verbinden
beglücken und ineinander dringen
wozu es weise Seelen voll Achtung und Sorgfalt braucht
ein aufmerksames Mitgefühl gründlich eingehaucht
und verbannt sei aller eitle und arrogante Schein
ebenso Egoismus, Habgier, Machtsucht und andere Pein
und all die Verletzungen, Erniedrigungen und Schmerzen
voll Bitterkeit und Verzweiflung für sanfte Herzen
was ungezählte Menschen zu scheuen Vagabunden des Lebens zwingt
kaltherzig durch Angst, Wut und Verzagen an einen Rand gedrängt
- wie, diese Anweisungen sind seit Jahrtausenden niedergeschrieben?
Doch ein passender Gott war bisher nicht zu finden
der seine Größe und Allmacht dafür gibt
dass dieses Glück geschieht?
Doch wenigstens haben wir einen Plan um ihn zu leben und einem Gott zu zeigen
sollte ein solcher sich mal zu uns herunter neigen.

Gesellschaft

Die Gegenwart erschien ihm wie ein schlechter Traum
durchsetzt von Gleichgültigkeit, Herzlosigkeit, Eitelkeit und Schaum
doch es schien als wolle er das Geschehen aus Selbstschutz nie ganz erfassen

denn wie konnte er sich sonst je zufrieden in sich niederlassen?
Rutschte nicht alles zu langsam oder zu schnell aus der Hand
je lebendiger und freudiger er es wollte - doch verlor, kaum dass er es fand?
Gab es nicht zu viel Täuschung und Grimassen-Spiel
kurz und schief, eitel und falsch – ohne dass selbst die plumpeste Täuschung in sich
zusammenfiel?
Und war das "Tragende" nicht oft nur eine Resignation und Unterdrückung - aus der Nähe
besehen?
Waren nicht zu viele Seelen wie Schmetterlinge – wunderschön, doch nahe dem Vergehen?
Und wie oft konnte er sagen: Dieser Tag und diese Nacht fanden ein gutes Ziel
ohne dass jemand in einen Dreck zu Boden fiel?

Grenzen der Erkenntnis

Du sagst: Sie - oder Er - war schlecht
und darum sei es nur gerecht
es treffe Sie – oder Ihn - eine Strafe
mit aller Konsequenz und Schärfe
- doch ist die Schuld so gewiss und klar?
Weißt du genug von dem, was in Ihr oder Ihm alles ist und war?
Hast du die Ängste und Grenzen des „Schuldigen" gesehen?
Kannst du einen ganzen Lebensweg abwägen und verstehen?
Denn nur dann ist ein „Gleiches mit Gleichem" zu behandeln wirklich gerecht
und gibt dem Beschuldigten wie Geschädigten gleiche Würde und gleiches Gewicht
also bedenke: Du brauchst bisweilen fast eines Gottes Blick
doch bist du kein Gott so weiche vor einem raschen Urteil zurück
und siehe genau hin - wo andere rasch Abschließendes zu wissen glauben -
und lasse dir die Einsicht in die Grenzen der Erkenntnis nicht rauben
auch nicht durch Anmaßung, Enttäuschung oder ein schablonenhaftes Recht
denn unser Einfühlungsvermögen und Wissen um Lebenswege ist oft schlecht.

Nicht nett

Überall siehst du eine Missachtung Schwächerer
und eine Geringschätzung Ärmerer?
Die ist verbreitet – oft geradezu extrem
und so dumm wie taub, arrogant und bequem
denn damit sieht man nicht in des anderen Gesicht
erfüllt von Gleichgültigkeit und bestenfalls selbstgerecht
um sich selbst zu erhöhen mit Blindheit und eitlen Phrasen
mit flachen und überheblichen Redeblasen
oder einfach nur stumm wie ein stolzierendes Huhn

um sich nicht die Mühe um einen anderen „anzutun"
denn es ist verlockend auf einem Hühnerhof die oder den „Große(n)" zu geben
und sich des Abends „erhaben" in den eigenen Mist zu legen
denn dann erscheint man als „tolles" Menschenexemplar, so abgehoben wie adrett
dabei benahm man sich nur wie ein dummes Huhn – nur nicht so nett.

Versprechen
Hast du auch lange an den Türen der Welt gewartet und gerüttelt:
Sie blieben oft verschlossen und die Herrschenden haben dich abgeschüttelt
denn deine Wünsche und dein Flehen werden gerne überhört
- so wird dein Leben weiter verlaufen, ist die Seele auch verwundet und verstört -
und doch wartest du bis zuletzt irgendwie vor den Toren der Welt
die gerne Achtung verspricht und doch wenig davon hält.

Vereisung
Die Leistungsschwachen – du siehst sie seelisch geschlagen?
Du willst ihnen helfen, dass sie ein Leben mit gleicher Achtung und Teilhabe haben?
Du möchtest schreien, verändern, dich auflehnen, helfen und hoffen?
Doch diejenigen mit dem Geld und ihren Handlangern: Sie lassen dich achtlos abtropfen?
Nutzen ihre Gleichgültigkeit und ihr Marktmacht, um dich abzuweisen?
Denn mit den falschen Genen und Eltern solltest du dich beugen oder deine Seele vereisen?
Und zudem zerstörst du mit deiner Gegenwehr doch nur den dir verbliebenen Seelenfrieden!
Darum können sie einfach abwarten: Zuletzt sind sie fast immer Sieger geblieben.

Urteilskraft
Gott begegnet einem höchst selten
doch so, wie wir andere bisweilen bedenken und schelten
könnte man glauben wir hätten eine göttliche Urteilsgewalt
und manche/r brüstet sich als habe man eine ähnliche Gestalt
gewiss: Das Recht des Urteils haben wir – mindestens wie ein Gott
nur die Gabe - die ist nicht immer entsprechend gut und flott
und so eilt auch hier das Wollen dem Können bisweilen voraus
posaunt Bruchstücke und Unsinn kräftig und weit hinaus
bläht jemanden auf und macht ihn „groß"
und hat doch ein windiges Urteilchen bloß
weiß nicht recht hin und nicht recht her
dienen der Schmeichelei, Betrügerei und Illusion zu sehr
biedert sich an oder dienert – bisweilen dürftig und leer
mit dummer Eitelkeit: Setze ich andere herab so drückt mich das Leben nicht so schwer

- doch das Recht zu urteilen steht uns allen im Grunde zu
nur die Gabe und das Einfühlungsvermögen - heraus kommt manch Täuschung oder Schmuh
wie so manche/r ein Urteil über andere Menschen – und sich selber - legt:
Oft nur, damit man selbst im besten Licht steht.

Tägliche Suche
Dumme Eitelkeit und Banalität
stolz, massig und unbewegt
starrt einen aus manchen - eleganten - Augen an
also wendet man sich besser ab – wenn man kann
und suche stattdessen nach der Liebe Leichtigkeit
gegen Überheblichkeit und geltungssüchtige Flüchtigkeit
um innige Zärtlichkeit zu finden und aufzulesen
aufrichtig und sanft – sonst ist man nirgendwo so recht gewesen
- doch irgendein(e) Dümmelnde(r) ist täglich erwacht
und hat anderen das Leben schwer gemacht
mit Phrasen, Machtgetue und Eitelkeit:
Nutze besser deine Zeit!

Glück
Du bist noch kein gebeugter Kuli?
Auch kein durch Enttäuschung störrisch gewordener Muli?
Kein wütend herum trampelnder Elefant oder Stier
und rennst auch nicht dumpf gegen manch verschlossene Tür?
Und gleichst weder Schlange, Wespe noch Löwe
weder dummem Piepmatz noch räuberischer Möwe
und du jaulst auch nicht bei Stress wie ein getretener Hund
fühlst du dich auch mal missachtet, getreten und wund
denn du bist immer noch sensibel, mitfühlend und kein stilles Blümlein
und hast noch nicht resigniert und treibst so manches nicht gerne allein?
Dann zerbrach dich noch nicht des Lebens oft gleichgültiges Theaterstück
denn du hattest Glück.

Geruch
Prall wölbt sich der Überheblichkeit Bauch
aufgeblasen von der Dummheit und Arroganz stinkendem Rauch
und er bläst seine Fürze anderen unflätig ins Gesicht
rülpst und stänkert wie ein gemeiner Wicht
und zeigt mit eingebildetem Stolz seine Hühnerbrust

würgt neidisch an der anderen ehrlichen Achtung und Lust
geifert gehässig Belehrung, Geringachtung und Häme
kneift den Arsch nicht zusammen und produziert Ratschläge
bohrt seine schmutzigen Finger in der anderen Wunden
dass sie weiter bluten und nicht gesunden
und schwelgt in seiner kleinen miesen Macht
dass die Aufrichtigkeit erzittert oder bitter lacht
wobei sich so ein praller Bauch selten ganz entleert
was den anderen besserwisserische Furz-Triaden beschert
als Gase üppig hervorgekrochen
- so ein überhebliches Leben hat nicht gut gerochen.

Nicht untergehen

So kann es nicht weiter gehen
gibst du mir zu verstehen:
Jeder Tag habe zu viel Druck und Jammer
und nur ein geübtes Vergessen überdecke den Kummer
und immer wieder regierten nur die Geld-Mächtigen und deren Vasallen
dass statt einfühlsamer Sanftmut überall Rufe der Geld- und Machtgier widerhallen
und keiner will deine seelenreichen Träume recht hören oder sehen
denn Geld und Vermögen kann und wird immer über alles andere hinweg gehen
womit die Ungerechtigkeit so gemein bleibt wie sie es seit jeher ist
so sehr du auch appellierst und strampelst und so lange du bist
denn selbst einem empörten Einspruch folgen die Vermögens-Mächtigen nie
- und darum harre aus, halte durch, mühe dich, liebe oder flieh
doch nutze Sanftheit, Lachen und Schweigen
und wiege dich in dem dir möglichen pulsierenden Reigen
auch mal auf den Flügeln der Fantasie – um aufrecht zu stehen
und sei es auch eine trotzige Würde: Du darfst nicht untergehen.

Ordne dich unter

Herrschende und Reiche werden immer Mittel finden
dich verdeckt oder offen einzuspannen und zu binden
auf dass du vorrangig ihren Reichtum mehrst
und „nicht zu viel" für dich begehrst
damit du ihre „Standortzufriedenheit" stets im Auge hast
auch wenn die Unterwürfigkeit an deiner Würde kratzt
belohnt, dass du irgendwie dazugehören darfst
so lange du nicht das Ziel ihrer Verachtung wirst
womit sie dich an „deinem Platze" halten

denn du sollst ihnen gefallen.

Fehlgeleitet

Wie liegst du doch fehl
weil du glaubst jedes deiner Worte sei anderen ein Befehl
den sie unbedingt zu befolgen haben
denn du bist selbstherrlich und damit ohne der tieferen Einsicht Gaben
außer der, dich im Mittelpunkt zu sehen
und darum sollten sich die Anderen folgsam um dich drehen
wobei du die Schroffheit und Arroganz deines Verhaltens nicht erfasst
was du mit besserwisserisch strenger Miene andere spüren lässt
und darum sei dein Befehlston deiner Überlegenheit angemessen
die andern sollten besser ihre unzulänglichen Einsichten vergessen
und sich vor dir beugen mit Schweigen, Gehorsam und Dienerschaft
dafür sei deine Stolz-aufgedunsene Seele gemacht
- doch da deine Erwartung so dumm wie unabänderlich ist
wunderst du dich, dass du einsam bist?

Spiele um Kapital und Eitelkeit

Das ist doch nicht seriös was da geschieht:
Wie mancher Politiker oder Kapitalist auf Menschen herabsieht
sich selbst hoch hebt und Geld-Mächtigen nach dem Munde redet
sich eitel herausputzt und dabei dümmlich mit erhobenem Finger herum wedelt
jedoch verborgen den Mächtigsten gehorcht und Mitgefühl vorgaukelt
und dabei raffiniert die Schwachen verschaukelt
um sich gut und die „eigenen Leute" besser zu entlohnen
- und die eigenen Nerven angenehm zu streicheln und zu schonen.

Kapitalismus

Zwei Amseln entdeckten eine Made
und das war für die Made schade
denn beide Amseln packte je ein Ende und begannen zu ziehen
also konnte die Made den Mächtigen nicht entfliehen
zwar hoffte sie noch den schwarzen Gesellen irgendwie zu entkommen
doch langgezogen, gequetscht und beklommen
war ihr schnell klar: Die Amseln haben auf alles Appetit
und wie sie sich auch wandte und wie sie auch litt
die Amseln stemmten ihre Krallen in den Boden
und so wurde die Made in die Länge gezogen

immer dünner, weißer, verzweifelter und blass
fiepend, flehend: "So lasst doch das"
doch dieses Glück wollten die Amseln ihr nicht schenken
sie zeigten keinerlei mitfühlende Bedenken
und so litt und zerriss es alsbald die Made
zur Lust der fetten Amseln ohne Gnade - schade
- wobei es solche schwarzen Gesellen überall gibt
besonders wenn man in die Welt der Kapitaleigner sieht.

Ruhe

Liebe, Lust, Gleichgültigkeit und Verachtung atmet die Welt
in einem unaufhaltsamen Wechsel, egal, wie es uns gefällt
und Hagelkörner zerrupfen die Pracht bunter Blüten
lassen kalte Herzen hässlich unter Menschen wüten
während sie sich über andere erheben wie ein tauber Stein
prahlen, raffen, vergessen und andere fallen lassen in Armut und Pein
um sich selbst hoch zu erheben und zu triumphieren
bis der Schwächeren Sehnsüchte verdorren und erfrieren
denn dann muss man weniger für ihre Dienste zahlen
mit möglichst wenig Mitleid überdeckt man deren Verzagen und Plagen
- denn eine systematische Herzlosigkeit gehört auch zur Welt
damit es den Reichen in Glanz und Ruhe besonders gefällt.

Übertrieben?

Politische Lügen beginnen oft gut dosiert und klein
mit etwas Vergessen, falscher Betonung und falschem Schein
sowie einer kurzen Verzerrung oder Weglassung, zunächst ganz fein
dann mit Vergröberungen und einem vagen Versprechen als Leim
und dann kleiden sie sich in glatte und verbal leuchtende Gewänder
zerren dich mit einem Ruck über der Wahrheit Geländer
damit du gefesselt, betäubt oder getäuscht ruhig bleibst
und dienst und dich fügst und fortan duldsam schweigst
zumindest wenn du nicht zu den vorlauten Reichen und Mächtigen gehörst
und brav auf deren Applaus und Portemonnaie deine Treue schwörst
denn dem dient ihre falsche Betonung und falsches Schweigen:
Du sollst handhabbar und fügsam bleiben.

Geduldige Träume
Deine Hoffnungen sind Spinnfäden, die schnell zerreißen
oft nur Fantasien, die das Glück einer Erfüllung verheißen
für Welten, in denen nichts endet was einmal gut begann
wo keine Liebe wegen einer Gefühllosigkeit oder Erschöpfung zerrann
denn es ist eine Welt, in der du geachtet bist und Geld-Mächtige und Handlanger dich nicht belügen
dich nicht täglich drücken, dressieren, ermahnen, prostituieren und betrügen
damit sie mehr Prestige, Firmen und Villen als du und die deinen haben
um sich an einem Überfluss schamlos gegenüber Schwächeren zu laben
und sie dafür darauf achten, dass deine Traumfäden nicht ganz reißen
- denn das könnte für sie weniger Macht, Diener und Freude verheißen.

Affengebrüll
So manche/r glaubt Sie oder Er wäre ganz bedeutend und tonangebend
und hüpft wie ein Affe durch die Bäume trommelnd und schäumend
und springt und brüllt: Seht her, so schön bin ich und wichtig
folgt mir – ich bin so groß und mächtig und mache alles richtig
- und klingt auch vieles eitel, egoistisch, pauschal, verächtlich, dumm und dumpf
so glaubt doch so manche/r, dies Gehabe und Gerede sei der Evolution Triumph
auch wenn Sie oder Er dabei einem kreischenden Affen gleicht
den man allenfalls mit Bananen füttert oder bewirft – oder dem man ausweicht
denn so sehr von sich eingenommen schwingt diese Spezies stets von Ast zu Ast
und hat ihr Affendasein nie wirklich ganz erfasst
im Glauben, sie hätten der Menschheit Achtung und Mitgefühl zu lehren
- so bleibt nur, diese dummen Primaten abzuwehren.

Freundlich
Ein zweifelsfreies "ich" befriedigt den Stolz enorm
denn ein gelobtes "ich" hebt deutlich die Form
während manches "du" müde wirkt und matt
und manches "er" oder „sie" hat man schon satt
besonders, wenn das "ich" daneben verloren klein erscheint
und der Wunsch nach mehr "ich" aufkeimt
- bis manches "ich" glaubt, es müsse über ein "du" triumphieren
um nicht an sich selbst zu frieren
was oft so weit geht, dass ein „ich" von einem "du" nichts versteht
und sich so in erstaunlicher Dummheit ungeheuer über andere erhebt
zu blind, um an seinem "ich" vor sich selbst zu erschrecken

um seine eingebildete Übergröße mal weg zu stecken
und sich selbst - wie andere - gütiger zu betrachten
- wie sehr kannst du andere sanft und freundlich achten?

Geduld
All die Seufzer der Welt: Sie bündeln sich zu keinem machtvollen Schrei
bleiben oft einzeln und vergiften stumm die Seelen zu Mauern aus Blei
tragen schweres Gepäck mit einem scheinbar leichten Lächeln
um der Seele eine Würde und Besänftigung zuzufächeln
doch hörst du genau hin so vernimmst du manch bitteren Ton
gegen die Gleichgültigkeit, Verachtung, Verzweiflung und Fron
doch wer hört schon genau hin? Die Machthaber setzen sich oft souverän ab
sie haben die unschönen Folgen und Formen gründlich satt
mögen die da unten sich doch „bitte" mehr bemühen, buckeln und springen
und doch unten bleiben, um den oben bestes Leben zu bringen
- was so ein Leben und viele Leben lang über Generationen geht
so lange es „gute" gefügige Bürger sind – die keiner hört obwohl es jeder sieht
und so geht es immer weiter und nichts geschieht
und wer es nicht mehr aushält, für den gibt es manche Ersatzbefriedigung, in die er flieht.

Kulturbetrieb
Von all der in Theatern und Opern für ein „anspruchsvolles Publikum" inszenierten Kultur
dient leider so manches einer geschminkten Geltungssucht nur
als dicke Farbe für ein abgehoben egomanes Leben
um über die eigene Schnödheit eine Tünche zu legen
in den Diensten einer Arroganz und Eitelkeit
als hilfreiches Spielzeug manch zelebrierter Überheblichkeit
oder einer boshaft auf andere herabblickenden Selbstherrlichkeit
ohne echte Achtung und Liebe voll gemimter Schicklichkeit
also alles zusammen manchmal nur ein der eitlen Selbstdarstellung dienender Zeitvertreib
- für welchen Kulturbetrieb nimmst du dir Zeit?

„Krankheit" und Eitelkeit
So mancher glaubt Krankheit erhöhe Einen
zu etwas Besonderem im Allgemeinen
denn dann werde man besonders beachtet:
„Seht nur, wie Sie oder Er das macht, so schwer befrachtet"
und darum müsse man auf Sie oder Ihn besonders sehen
und mit den Kranken mit erlesener Rücksichtnahme umgehen

so bedrängt von Leid, Last und Schmerzen
- wie Sie oder Er das nur aushält? Geht das nicht zu Herzen?
Womit so Manche/r das Krankheits-Spiel recht gerne spielt
und dabei auf die eigene Bequemlichkeit und Eitelkeit zielt
während der Ehrliche und oft auch nicht Gesunde sich angestrengt
und der oder dem „besonders Beladenen" hilfreich hinterherrennt
- denn „krank" muss man sein, normale Schwäche wird nicht geachtet:
Wenig Vermögen oder geringe Leistungsfähigkeit werden abschätzig betrachtet
die alle keinen solchen Ausgleich – wie Kranke - brauchen
um dem Leben gleiche Lust und Chancen einzuhauchen
in der doch so gerne wegschauend dummen Welt
die jedoch auf eingebildete Kranke gerne mal herein fällt
bisweilen nur zur Verteidigung von eigenem Vermögen, Ansehen oder Geld
worin man sich dann ganz gut gefällt.

Ratespiel
Ihr macht es einem schwer
mit euren Belehrungen und anderem mehr
und mit euren Eitelkeitsdramen, egoistisch und wund
wie auch eurer Besserwisserei – seid ihr noch gesund?
Und wie ihr knurrt und schweigt
auf anderen herum reitet
fordert und verweigert
lamentiert und leiert
aggressiv übertönt und bevormundet
Launen auslebt und verwundet
damit ihr euch über andere erhöht
und erhaben über anderen steht
wofür ihr nörgelt und kritisiert
täuscht und lamentiert
lockt und euch ziert
erhitzt und andere Seelen gefriert
grinst, bockt und belehrt
lächelt – auch verkehrt
denn ihr macht alles besser
denn selbst eure „Ehrlichkeit" ist ein verletzendes Messer
während ihr wie eine Hyäne oder giftige Spinne
andere benutzt mit Hinter- und Eigensinn im Sinne
seid ihr – wenn es gut kommt – nur eine entbehrliche Last

wer? Wenn du es nicht siehst hast du glücklicherweise eine besondere Menschen-Spezies
verpasst.

Falle

In Umarmungen geborgen
von gutem Wort getragen:
Das wollen wir alle
und sitzen doch täglich in einer Falle
aus Machtlosigkeit und Niedertracht
Ausgrenzung und Ohnmacht
- aber auch aus einem zu geduldigen Warten und Träumen
- bis uns die Zeiten stumm beiseite räumen.

Geltungssucht

Herzenswärme – hast du sie heute erlebt?
Oder wurde sie von irgendeinem Geltungswahn bei Seite gefegt?
Statt sanft die Berührung eines Herzens und einer Haut zu finden?
Sich gemeinsam zu öffnen und pulsierend zu verbinden?
In der Liebe alles vergessend durch die Zeit zu reisen
und zärtlich durch einen grenzenlosen Raum zu gleiten?
Oder war es heute wieder nur die billige Droge der Macht
die ein/er an-sich-selbst-Berauschte/n ein Dröhnen gegen die eigene Leere im Herzen
entfacht?

Spiele

Das verdeckte oder offene Spiel vieler Kapitalisten
kennt viele Varianten und ist niemals wirklich auszumisten
denn sie haben Macht und die Mehrheit der Menschen zahlt dafür einen erhöhten Preis
denn sie bekommen für ihr Kapital international beste Schutzgesetze, Handlanger und viel
Arbeitsfleiß
und sie halten dafür den Gehorsamen und Angepassten die nötigsten Häppchen hin
denn die Rendite der Kapitalinhaber sei der Gesellschaft höchster Sinn
natürlich bekommst du einen Diener-Lohn – doch der schmälert der Kapitalisten Gewinn
also bitte nur um das Mindeste – wo kommen wir denn sonst ohne höchste Renditen hin?
Denn im Wettbewerb stehen vorrangig die Arbeitnehmer mit ihren Löhnen
und die meisten Kapitalisten dürfen sich nie an niedrige Renditen gewöhnen
denn wie du auch rennst: An der Macht der Kapitalisten kannst du nicht kratzen
sie haben ihre Knechte– du wirst dich nur vor deren Schreibtischen nur die Nerven abwetzen
und ihrem herrschaftlichen Stolz und ihrer Gleichgültigkeit begegnen

sei also klug und versuche dich nicht offen mit ihren Söldnertruppen anzulegen
und deshalb lebe nun endlich stumm in deinem Herzen deine Meuterei
und höre zu, wie man dir immer wieder sagt, du seist doch reichlich beschenkt und frei
und die Diener-Sicht auf dein Leben sei eine einseitige Deutung der Welt
- oder werde doch einfach Kapitalist, wenn dir das Leben so nicht gefällt
schließlich hast du doch deine Kraft und ein paar Jahre Zeit
für mehr Arbeit, einen tollen Lohn und viel Sparsamkeit
und suche dir stets erwerbs-arbeitende Lebenspartner und halte deine Kinder knapp
sei fleißiger Vasall und mache im Kapitalisten-Dienst nicht schlapp
denn es müssen von deiner Arbeit reichlich dicke Brocken für sie übrigbleiben
- sonst werden dir die Kapitalisten einige ihrer Knüppel offen zeigen
in Gestalt einiger langfristig angemieteter serviler Politiker und Juristen
die immer einen Ausweg für die Kapitalisten-Herrscher wissen.

Stilles Gebet

Was ist das Ziel von so manch stillem Gebet? Es ist das „Ich"
nicht selten für eine eitle Erhabenheit gegenüber Anderen für „mich"
denn manches Herz ist erfüllt von Überlegenheits-Gehabe voll Besserwisserei und Eitelkeit
also halte sich die Welt für eine höhere Stellung des „Ich" bereit
um auf einer gesellschaftlichen Hühnerleiter eine hohe Stellung einzunehmen
und sich in einem Bad aus schmeichelnder Selbsterhöhung zu verwöhnen
und sollte dabei noch als Zusatzgewinn ein ewiges Leben durch einen Gott abfallen
so würde einem das nicht schlecht gefallen
- doch gibt es auch die Anderen, die mit einem stillen Gebet einen Liebes- und
Trennungsschmerz heilen
um eine Trauer und Verletzlichkeit in erträgliche Portionen zu teilen
bei ihrer Suche nach einer Ankunft in einer Liebe hier auf Erden
als der einzigen Chance, um Teil einer zarten Geborgenheit zu werden.

Tolle Qualität

Wenn dir die gesellschaftliche Situation mal wieder nicht passt
        und eine Missachtung brennt dir im Hirn, Herz und auf der Zunge
vernimmst du des Öfteren: „Sei zufrieden mit dem was du hast
        und spare dir für eine fügsame Arbeit die Kraft deiner Lunge."
Und wenn du mal wieder hörst: „Du kannst nicht alles haben"
        obwohl du nur einen gerechten Anteil willst
dann bedenke: Bist du so still wie kleine Küchenschaben
        kannst du hoffen, dass du ihnen zumindest in deiner stummen Duldsamkeit gefällst.
Und wenn sie sagen: „Wir brauchen die riesigen Unterschiede als Peitsche damit sich
Ärmere anstrengen"

dann siehe, wie viele Reiche unerbittlich noch mehr an sich raffen
doch willst du dagegen streiken oder sie mit Einsicht zur Menschenwürde bewegen
lernst du ihre Handlanger kennen mit all ihren Ausreden und juristischen und
politischen Waffen.
Und hörst du sie mal wieder reden: „Wir wollen alle beglücken
doch dafür müssen wir gemeinsam an einem Strick ziehen"
dann weißt du: Sie werden dich seelisch oder gar physisch mit diesem Strick erdrücken
solltest du ihre „Gemeinschaft" als eine echte mit gleicher Würde und Teilhabe
verstehen.
Und willst du dann – fast schon resigniert – die Geringachtung am Schicksal einzelner
Menschen zeigen
so werden sie allenfalls sagen: „Auf Einzelschicksale können wir keine Rücksicht
nehmen"
und so werden sie ein wahrhaft würdevolles Mitgefühl mit Schwächeren weiter vermeiden
- denn sie seien es doch, welche der Gesellschaft ihre tolle Qualität geben.

Küchenschabe

Genieße die Schönheit und Gnade:
Die Schöpfung machte dich nicht zur Küchenschabe
die nur von Krumen und Abfall leben kann
- zerquetscht sie nicht vorzeitig ein Besen, Fuß oder Schwamm -
denn du kannst zärtlich lieben, verstehen, achten und gestalten
schenken, helfen und die Diebe der Menschenwürde erkennen und festhalten
- doch vermeide es, wirksam gegen die herzlos Geld-Mächtigen zu rebellieren
und sie vor den Spiegel des Mitgefühls und der Achtung zu führen
denn dann zeigen sie ihr wahres Gesicht und das tut dir nicht gut
sogar für kleinere Rebellionen brechen sie deinen Mut
denn sie achten dich so wenig wie eine Küchenschabe
also halte den Mund und den Blick gesenkt – ist es auch schade.

Achtung und Leistungsgesellschaft

Wenn die eigene „Größe" am Preis und Prestige des eigenen Wagens abzulesen ist
glaubt manche Seele, dass sich die ihr zukommende Achtung zu Recht nach hohlem Raum
bemisst
und wenn jemand meint, in luxuriösen Häusern – gar noch ererbt - „über anderen" zu
thronen
und dazu blökt: Dies sei „leistungs"gerecht – mögen die anderen doch „unten" zur Miete
wohnen

und wenn man erwartet, dass ein Schwächerer bitte nur mit einem Schwächeren teilt (z.B.
gesetzliche Sozialversicherung getrennt von privater Versicherung, immer mehr
Verbrauchssteuern und Gebühren statt Einkommenssteuer usw.)
hat einen wohl endgültig die arrogante Dummheit ereilt
- was alles reichlich zu unserem Alltag gehört
wo die Schwächeren schwach bleiben und es die Starken nicht stört
viele von der „freien Leistungsgesellschaft" so betäubt und seelisch erstarrt
und von den „leistungs-gerechten" Gaukelbildern buckelnder Wasserträger genarrt
dass sie gleichgültig auf die herabschauen, die keine hohe Marktleistung schaffen
- die sollen doch bitte den Blick gesenkt halten und nicht nach „oben" gaffen
denn dass Gerechtigkeit etwas mit Bedürfnissen und gleicher Achtung zu tun hat
hören sie nicht: Marktpreis und Erbschaft seien „gerecht" – für mehr ist ihr Geist zu klein
und zu satt.

Überzogen

Worum es wirklich geht
und was doch oft nur verschämt auf dem Papier steht
ist, dass sich vieles nur um Macht, Überheblichkeit und Geld dreht
und wie man scheinbar strahlend über anderen schwebt
am schönsten auf dem gebeugten Rücken derer die unten sind
denen nur das Fernsehen ein geachtetes Leben ins Wohnzimmer bringt
und die dann dafür sorgen, dass die Reichen üppig bis maßlos feiern
unbeirrt von einem Mitgefühl auf die Schwächeren herab reihern
während die so Verachteten sich im Alltag krümmen
dass Reiche genüsslich und hofiert über ihnen schwimmen
und ab und zu einen Happen zur Beruhigung abgeben
dass die unten ruhig bleiben und sich weiter in die Ruder legen
damit die Geld-Mächtigen sich rekeln, flanieren und lachen
und viele Politiker dümmelnd oder mutlos mit machen
- wie, das sei maßlos überzogen?
Bist du auch schon so verbogen?

Wahre Herrscher

Eitles Politiker-Geschrei
mit raffiniert trügerischem Wörterbrei
voll Andeutungen, die uns irgendwas glauben lassen sollen
Vergleiche, die andere herabsetzen und Politiker erhöhen wollen
mit einer vordergründigen Beruhigung, die an vielen Stellen gärt
und dafür sorgt, dass man sich und seiner Gruppe mehr als denen, die es bräuchten, gewährt
um Geld-Mächtigen zu dienen und dafür Schwächere zu übergehen

- dafür braucht man niemanden zu ehren oder gar zu wählen
sondern sollte sie irgendwo am Wegesrand stehen lassen
sie werden noch reichlich genug in unsere Taschen fassen
und uns dumm und möglichst abhängig und still halten
wo im Hintergrund mächtige Geldgeber walten
die ihren Dienern einen Bruchteil von ihrem Glanz abgeben
als die wahren Herrscher eben.

Oben angekommen

Viel zu viele haben keine Reife, dafür aber einen großen Mund
reichlich Gier, zu wenig Mitgefühl und einen gefräßigen Schlund
und sind deshalb bereit, anderen mit Leichtigkeit Achtung und Frieden wegzunehmen
und sich nach getaner Gemeinheit bereichert ruhig nieder zu legen
ohne weiter an den Nächsten zu denken
so lange sie so alle Annehmlichkeiten auf sich lenken
mögen die anderen auch gebeugt sein und unten bleiben:
Man kann ja verbal Verständnis zeigen und einfordern, aber nichts tun – und schweigen.

Geld gewinnt

Die Raffinesse, durch verbale Nähe und Verehrung Reiche so zu loben
dass sie Schwächere etwas achten und kaum mehr als Erzwungenes abgeben
dieser Trick geht zumeist nur sehr begrenzt auf
und so bleibt vielen nur ein lebenslang gebückter Lauf
zu dem man sie so oder so zwingt
weil im Leben das Geld meist über die Würde gewinnt.

Eigentlich

Eigentlich könnte ich die Augen schließen
die Dinge so lassen, wie sie kommen und wie sie fließen
da die Realität oft zu wenig lenkbar und gefühlvoll ist
und ihr Maul das Schöne oft grob zerbeißt und frisst
doch ich kann die Augen nicht wirklich schließen
so wie sich Krankheit, Gefühlskälte und Schmerz ergießen
und uns mit Gleichgültigkeit und Angebereien anrempeln
weil Menschen andere erniedrigen und Hoffnungen zertrampeln
- also muss ich weiter das Unrecht und Unheil kommen sehen
und versuchen, es zu vermeiden oder zu umgehen
um jene Nischen zu finden
in denen wir uns sanft begegnen und liebend verbinden.

Kriegsgeschrei

Krieg haben sie wieder mal ausgerufen:
Sie, die den Konflikt am kräftigsten und listigen schufen
und so gelte es nun, das gegnerische Böse zu vernichten
wofür sie brüllen: Mord und Totschlag sollen es richten
und wir sollten ihnen folgen und ihrer Macht applaudieren
- doch lass' sie: Dafür sollte niemand leiden und Leben verlieren
für jene, die sich so primitiv wie überheblich inszenieren
unfähig zu lernen, sich mit Liebe und Frieden zu zieren
und folgen ihnen auch viele mit geltungssüchtigem Streben
unfähig, durch den Reichtum der eigenen Seele zu leben
benebelt von vermeintlicher Erhabenheit und Größe
so zeigen sie doch nur der Gemeinheit ganze Blöße
mit Gleichschritt, Waffen und Kriegsgeschrei
die Seele statt einer Blume ein dumpfer Brei
und von vorne bis hinten ein dummer Haufen
- sieh nur, wie sie springen, salutieren und laufen.

Leistungsprinzip und Chancen

„Mach es besser
mach es schneller
mühe dich mehr
und sage nicht, es sei zu schwer
also springe höher
und laute weiter
denn an dir kleben Gene und Umgebungen nicht wie Teer
wenn du nur willst, gibst du viel mehr her
denn Leistung ist alles was zählt"
- das ist das Gerede, mit dem man die Schwachen missachtet, erniedrigt und quält
während viele Reiche sich durch Erbschaften und „Seilschaften" nicht an das Motto halten
und es ihnen reicht, wenn Politiker und Handlanger folgsam so schalten und walten.

Kurze Anmerkung

Fantasien, Märchen und schöne Worte
formen ferne und faszinierende Orte
- doch die meisten bleiben Fantasie
denn sie waren und werden nie
in einer Welt

die viel Ungleichheit trotz noch mehr „Chancen-Gerede" bereithält.

Hinter den Sternen

Angesichts der Lebensdramen wäre es durchaus angemessen
einen Gott in den Weltraum schießen zu lassen
auf eine lange Reise ohne Wiederkehr:
„Gute Reise" – bitte komme nicht mehr
nachdem du all das Elend gesehen und zugelassen hast:
Mit deiner Gleichgültigkeit bist du auf Erden ein schlechter Gast
also suche dir für deine Herzlosigkeit einen Raum hinter den Sternen
um dich dort an deinem verächtlichen Schweigen zu wärmen
damit die Menschen sich hier eine bessere Welt erbauen
statt nur immer wieder abwartend in den Himmel zu schauen
auf dass die Geborgenheit aus menschlichen Händen kommen kann
und nicht von irgendeinem von irgendwo erwarteten Gott, irgendwann
von dem viele meinen, er zeige sich erst nach dem Ende vom Leben
- da muss ein Gott den Lebenden nun wirklich nicht mehr viel geben.

Schafe

In Bayern / Deutschland usw. grast so manches politische Schaf
ganz gemütlich und pflegt genüsslich seinen Schlaf
während den Armen hier und da die Puste ausgeht
was ein parteilich eingepferchtes „Schaf „gerne übersieht
während es Phrasen wiederkäuend umher zieht
und all die Schwächeren wie Fliegen beiseite fegt
damit man den ganzen Saft der Weide vor dem Maule empfindet
und dazu eitel blökt, während der Geist erleichternd entschwindet
dabei noch etwas von einer Gerechtigkeit gegenüber Starken schwadroniert
und sich selbst mit hohem Image und sicherem Geld verziert
um umso ausdauernder als Partei-Herdentier kritische Geister niederzutreten
und sich stets nach dem Rudel und den größten Haufen umzudrehen
- denn ohne ihre „klare Kante" wäre doch die Freiheit der Marktwirtschaft in Gefahr
womit man seit jeher besonders gerne die Unfreiheit der Schwächeren übersah
und so manchem „Schaf" leider sogar die Sanftheit dieses Tieres fehlt
womit dies bisweilen als geradezu edel im Vergleich durchgeht.

Kleine Gesellschaftskunde

Sie haben zueinander voll Geltungswahn gefunden
aber sie sind weder mit sich noch Anderen in Würde verbunden

und so trachten sie Andere mit einem Lächeln zu benutzen
um sich zu erhöhen und andere herunter zu stutzen
für ihren Sinnlichkeitsrausch und Eitelkeitswahn
auf ihrer scheinbar glänzenden Lebensbahn
mit Drogen aus Konsum, Macht und Ich-Besessenheit
doch für Andere – soweit sie schwächer sind – ohne Achtsamkeit
wie Tiere voll Gier, List und Selbstgefälligkeit
- und so warten viele Menschen seit Jahrtausenden auf Einsicht und Einfühlsamkeit
aber zu viele Tiere werden weiter ihrem Egoismus folgen, täuschen und lügen
und Schwächere müssen sich in Arbeit, Stille und Geduckt-Sein fügen.

Gott und Götter - nützlich

Gott? Götter? Sie waren und sind stets ohne Leib
ohne den greifbaren Trost einer körperlichen Zärtlichkeit
ohne gehauchte Liebesworte und ohne Umarmung
allenfalls Wunschbilder und erhoffte Verbindung
mithin Beruhigungspillen in einem erschreckenden Bühnenstück
oder ein seit langem erfundener und eingeübter Trick
für festliche Zeremonien und zur Beruhigung der Nerven
auch mal, um die Verantwortung für sich einem anderen hinzuwerfen
oder damit die Mächtigen leichter zu ihren Gunsten regieren
während die Beherrschten beten um unten gehalten nicht zu frieren
weil die Verhältnisse besonders die Sanften übel erschrecken
- und die Götter werden die Schmerzen auch weiterhin kaum bedecken.

Diebe

Politik hat dich mit hübschen Worten geblendet?
Und so fühlst du dich betrogen und übel verwendet?
Jedoch hörst du nun deutlicher das laute Schweigen
mit dem sie dich täuschen, lähmen und deine Einsicht hintertreiben?
Du ahnst nun schneller die raffiniert vorenthaltenen Informationen
obwohl sie ständig die Demokratie und Teilhabe betonen?
Allerdings nur, soweit sie damit ihre Räume der Macht bewohnen
damit sich ihre Ämter für sie richtig und lange lohnen
und so willst du so manchen Zeitdieb und Täuscher fragen:
Wie konntest du so zum Verrat der Demokratie beitragen?
Denn Menschen sehnen sich seit jeher nach ehrlicher Achtung auch der Schwachen
jenen, die es nicht durch geerbte Begabung und Gelder zu „Höherem" brachten
- doch so manche/r redet so gerne über die angebliche Faulheit und den vermeintlichen Neid
der Armen

damit die Reichen sie weiter ausschließen können – ach wie kann so ein Gerede
„Erhabene" erwärmen
mit Phrasen vorbei an einer für viele erniedrigenden Lebenswirklichkeit:
Es gibt viele nie gefassten Diebe im Dienste der Unredlichkeit.

Berufsbeschreibung für Ministeriale

Als Ministerialer muss man oft von einem dünnen Gespinst leben
denn dieser Job ist aus täglichen Ablenkungsmanövern zu weben
den Herrschenden möglichst genehm und nicht zu dreist
mit Schlaftabletten für die Wähler das keinem der Geduldsfaden reißt
weshalb alles politisch glatt und beruhigend geschliffen sein sollte
durchsetzt von geschmeidiger Anpassung und manch eleganter Volte
damit Geltungssüchtige hoch sitzend den Gaul der Politik lenken
und dabei fast jedes Pferd mit Phrasen lahm reiten und verrenken
herum johlen, pöbeln, ausweichen und blind applaudieren
und dabei weniger auf die Schwachen als auf ihre Wiederwahl stieren
doch höchste Achtung erwarten – wofür ist dabei nicht klar
wo so vieles nur Possen- und Plattitüden-Spiel ist und war.

Himmlischer Segen

Die abstrakte Rede über Himmel und Götter kann nicht so viel geben
wie ein Lachen, ein liebes Wort, eine Berührung es vermag uns zu bewegen
und doch laufen sich Gotteswerber scharenweise die Füße heiß
weil so mancher hofft, dass er etwas vom Jenseits besser ahnt oder weiß
wozu manche dem staunenden Publikum gar göttliche Einsicht mitteilen
um den Preis, dafür selbst herausgehoben und geehrt zu verweilen
als säßen sie selbst einem Gott oder einer Göttin irgendwie zu Füßen
und die Menschheit habe den oder die Höchste durch sie zu grüßen
um ein nettes Plätzchen für sich selbst hier auf Erden zu erbeuten
wofür sie für Geld und Verbeugungen Glocken und anderes fleißig läuten
sich belehrend hervortun und vor Herrschenden oft beugen
um im Schutz ihrer Räume sich irgendeine Größe zu bezeugen
und im Leben in einer vorderen Reihe zu stehen
auch um den Preis, manch irdisches Leid zu übersehen
mit allgemeinen Bildern und Reden von erdfernen Reichen
in denen die Menschen bestenfalls Schatten gleichen
- so lass uns einander doch besser mit irdischer Liebe bewegen
als Zeichen für einen himmlischen Segen.

Selbst ernannte Götter

Wenn man sich selbst für die (den) Größte(n) hält
geschieht es, dass einem das nur selbst auf- und gefällt
während die anderen das nüchtern sehen
und mit einem ganz normal um- und vorüber gehen
was den Betreffenden als Missachtung auf der Seele lastet
dass man sie nicht wie Götter achtet
weshalb sie (oder er) sich für groß und die Welt für dümmlich hält
was zumindest jedoch keinem anderen gefällt.

Hinsehen

Des Lebens Tiefe und Weite
liegt für viele nur in ihrer anderen gegenüber dargestellten Höhe und Breite
denn ihr Selbst bereitet ihnen keine rechten Freuden
nur durch Selbsterhöhung und zelebrierte Eitelkeit können sie sich leiden
also blähen sie sich mit Überheblichkeit, Arroganz und anderem Dreck
nehmen anderen Achtung, Freiheit, Liebe und Einfühlsamkeit weg
verstehen nicht recht den Frieden durch eine Verbundenheit und Berührung
herrschen abgekapselt mit rüder Macht und pressender Verführung
stürmen über stille Schönheiten, Zärtlichkeiten und Menschen hinweg
sehen alles nur als Mittel für ihren eitlen Zweck
spielen große Leute und reißen Possen
ihre Dummheit in große Gesten gegossen
ohne den anderen neben sich würdevoll zu sehen
und sich darum zu beschränken und recht zu verstehen
- die Beschreibung sei übertrieben, denn das sei nicht die Wirklichkeit?
Kann es sein, dass ihr schon so blind, dumpf und stumpf seid?

Obszön

Warum haben wir eine so hohe Vermögenskonzentration
geboren aus Vererbung und ein den Arbeitenden vorenthaltenen Lohn?
Warum schweigen so viele resignierend zu der enorm ungleichen Machtverteilung
getragen von extrem einseitigen Produktivvermögen-Verbreitung?
Warum gelingt es Reichen so oft, Schwächere nur soweit teilhaben zu lassen
dass diese sich immer wieder anbieten müssen um nach einer geringeren Teilhabe zu fassen?
Warum sind Politiker fast überall bereit, die Vermögendsten besonders zu schützen
und anbiedernd den Machthabern zu nützen?
Wieso gelingt es, dass die Sicherungssysteme die Einkommensschwächeren überwiegend
selber zahlen

und sie deshalb aufpassen müssen, dass nicht zu viele von ihnen ein freieres Leben haben?
Und warum glauben die Abhängigen die Erzählung, Vollzeiterwerbsarbeit wäre die schönste Integration
denn ohne diese Arbeit und ihre Bedingungen: Wessen Leben lohnte sich da schon?
Und warum nehmen so viele die Behauptung hin, ohne Erwerbstätigkeit habe man kein Existenzrecht
denn Erwerbsarbeit sei die wichtigste Aufgabe für Vermögensarme – sonst sei man schlecht?
Mit wie viel mehr Gütern muss man leistungsfähige Menschen besonders herausheben
damit sie verstehen, in Freude mit sich und anderen zu leben?
Und warum lassen wir dem Zufall enorm ungleicher Vererbung so viel Luft
dass jeder Gedanke an eine Chancengleichheit schon mit der Geburt verpufft?
Weil die Schwächeren seit jeher so schwach und erpressbar gehalten werden
dass die Kluft zwischen arm und reich weiter steigt – aber ohne aufzubegehren
und selbst so manche „welterfahrenen Versteher" und „Erklärer" dieser Welt
schweigen – wo statt Liebe und Empathie ein primitiver Egoismus reiche Ernte hält.

Reichlich serviert
Wer sich über Chancenungleichheit beschwert
wird schnell als Schmarotzer oder Schmutz unter den Teppich gekehrt
und wer für mehr Teilhabe gar laut aufmuckt
wird als Nörgler und Miesmacher sozial geduckt
und wer dann immer noch nicht schweigend im Gleichschritt marschiert
wird juristisch, wirtschaftlich oder durch soziale Häme politisch schikaniert
- was natürlich bei uns in einer funktionierenden Demokratie nicht passiert:
Wenn man glaubt, was einem der Club der Kapital-Mächtigen und ihrer Diener an flachen Sprüchen serviert.

Versöhnung
Kann man sich an das Leben gewöhnen?
Oder es nur ein sich arrangieren und nie zutiefst versöhnen?
Denn pendelt zwischen Geburt und Tod
stets ein unruhiges Lot?
Hinauf in Lieben, Hoffen und Glauben
hinab mit Brechen, Aufgeben und Rauben?
Ein Leben lang ohne rechte Rast und Ruh'
und vorbei ist es dabei auch noch im Nu?
Und ein zweites ist keinem gegeben
nur die Fantasie erbaut sich ein solches verwegen
schafft Welten, die uns entsprechen und gehören
mit Unverletzlichkeit und Schönheit uns betören

weil man sich an das hiesige nie ganz gewöhnen kann
so sucht man eine Befreiung aus des Lebens zynischem Bann
während es einen wie ein Blatt im Winde treibt
hebt, drückt, zerreibt und der Erde einverleibt
auf dem Gesicht oft nur eine glatte Oberfläche
dahinter verdeckte jedoch Enttäuschungen, Vulkane und Sturzbäche
während man sich bisweilen bewegt wie in einer fremden Gestalt
die in Kostüme geschlüpft sich an fernen Träumen festhält
dadurch ein wenig geschützt vor den rauen Gewalten
die uns täglich bedrängen und in Atem halten?
Kann man sich also an ein Leben je ganz gewöhnen?
Und sich liebend mit sich und so manchem Anderen versöhnen?

„Wirklich"

Mit vielen Worten - auch einem kurzen „wirklich?" - kann man Unfug treiben
denn es unterstellt, es gäbe z.B. „unwirklich" Arme, die nur eine Täuschung zeigen
und nur die „wirklichen" Leistungsträger wären reichlich zu belohnen
die anderen Leistungsträger würden als Trittbrettfahrer nur so tun und sich schonen
denn es käme auf die „weniger wirklich" Arbeitenden gar nicht so an
weil der „wirklich" Leistungsfähige das Meiste und Beste schaffen kann
und die „wirklichen" Ganoven seien nur die mit einem offensichtlichen Betrug
die mit der Machtausnutzung gegenüber Schwächeren in der Marktwirtschaft seien hingegen
gut
denn es komme nicht „primär" - also wirklich - auf eine gleiche Achtung und
Interessenabwägung an
der „wirklich" Gute sei der, der andere für sich persönlich vor einen Karren spannen kann
denn dann falle für die Anderen schon irgendwie und irgendwann „wirklich" genug ab
schließlich habe bei „uns" fast jeder ein Dach über dem Kopf und habe damit nicht zu knapp
und damit seien die „wirklichen" Wirtschaftsmächtigen vorrangig zu achten
weil nur die den befreienden Wohlstand „für uns alle" machten
- also hört genau hin, wenn jemand das Wort „wirklich" hinzufügt
weil er dann vielleicht schon alle „nicht Wirklichen" um ihre Achtung betrügt.

Gier

Erregend ist die Gier
aber oftmals keine Zier
und doch strebt so Manche/r ungestüm nach ihr
in einer wilden und rücksichtslosen Jagd nach mehr
und es ist ziemlich egal, wie es anderen Menschen dabei ergeht
weil einem ja angeblich alles, was „man leistet", persönlich zusteht

wie im Tierreich, wo der Mächtige den Machtloseren bei Seite drängt
und der Kräftige den Schwächeren an den Rand oder in eine Nische zwingt
wie eine Ratte oder ein Wurm: Ohne Einsicht in die Würde der Menschen und Kreaturen
denn eine gleiche Achtung der Interessen der Schwachen? Von Verstand keine Spuren
um nicht mit Einsicht die eigene Gier zu belasten
- sollen sich doch die Schwachen mitfühlend untereinander befassen.

Geduld
"Es muss anders werden:
Ich habe zu wenig von mir - und zu viel von der anderen Leute Beschwerden."
So sprichst du zu dir selbst
denn andere besitzen zu viel von dir - wo bleibt was du willst?
Denn täglich fügst du dich ihrem Ansinnen
für ein gerade so erträgliches ermüden und verrinnen
und am Abend ein erschöpftes niedersinken
um jeden Tag erneut irgendwie halb Verdautes runter zu schlingen
also fühlst du dich als sei es nicht deine Reise:
Nicht für dich bestimmt – doch keiner außer dir zahlt dafür die Preise
und du spürst zunehmend eine bittere Lähmung
und als Lohn nur eine flüchtige Beachtung und Ehrung
dabei kannst du nichts ändern und du bist nie richtig dabei
denn man verlangt von dir zu dienen – so würdest du frei
und doch suchst du immer wieder der anderen Applaus
lebst dafür wie in einem fremden und kühlen Haus
während sie dich Tag für Tag ergreifen und zwingen
um ihnen Ansehen, Geld und Sicherheit zu bringen
angetrieben von ihrer Macht und einer Hoffnung voll Lug und Trug
denn statt echter Teilhabe kommt oft nur ein lauwarmer Luftzug
den sie dir als den vollen Atem des Lebens verkaufen
wenn sie auf deine kaum verhüllte Knechtschaft fröhlich saufen
und dich von sich stoßen sobald du ihnen nicht mehr dienst
weil du sie nun im rechten Lichte siehst
- so sprichst du zu dir selbst: "Es sollte anders werden"
doch keiner beachtet deine Beschwerden
und so musst du ihrer Macht weiter dienen:
Denen, die mit Geld alle Fäden ziehen
denn wenn du sie fragst sagen sie dir, dass sei nur deine Schuld:
Also diene weiter mit all deiner Kraft und Geduld.

Selbsterkundung und Realität

Ein Mensch der sich selbst im Wege steht
ergründet warum es ihm so ergeht
und versteht nach längerem hin und her sodann:
Ein Mangel an Selbstvertrauen ist schuld daran
was sich bei genauerer Sicht aus den Genen und seiner Jugend ergibt
die falschen Eltern, eine gleichgültige Umgebung – so war sein Start versiebt
womit er den Preis für die falsche Wahl der Eltern und Umgebung ein Leben lang zahlt
auch wenn ihm so manche/r die Mär von der eigenen Neuerfindung erzählt
denn er müsse nur mehr an sich arbeiten – dann würde es schon gehen
so habe man es doch bei manchen Abkömmlingen der Oberschicht gesehen
bis er merkt: Das ist das Geschwätz das nicht enden will:
So hält man Leute wie ihn dumm, schuldbewusst und still
- doch irgendwann glaubt er wirklich es sei seine Schuld als seine Geschichte
und rebelliert nicht mehr – und der Traum von einer gleichen Achtung ist stumm und
geduldig zunichte

Ehrlichkeit

Weil nur Liebe, Mitgefühl und Zuneigung die Menschen befreien
       verstehen die meisten Gesellschaften zu wenig von wahrer Freiheit
während die Mächtigen schwadronieren, wie die Schwächeren stark sollten seien
       denn das ist leichter als zu teilen und zu helfen aus mitfühlender Ehrlichkeit.

Ob ein Gott mir fehlt?

Mir scheint, das Gott dafür zu viel mit Zufällen spielt
weil er mit seinen Würfeln oft zu schlecht zielt
bei all den Schwachen, Leidenden und Unglücklichen hier auf Erden
niedergedrückt, gequält und geschunden unter Schmerzen und Beschwerden
reichlich bedient mit Gleichgültigkeit und Schweigen auf ihre brennenden Fragen
- ein wahrer Gott hätte da viel zu tun und zu sagen.

Mein Haus, mein Auto, mein Boot

Die oder Der ist arrogant?
So hast du Sie - oder Ihn - bisher nicht gekannt?
Denn Sie (oder Er) gibt mit „mein Auto", „mein Haus" oder sonstigem Besitz an
um zu zeigen, was Sie (oder Er) scheinbar Besseres hat oder kann
weil es so „nett" ist, „über Anderen" auf der sozialen Hühnerleiter zu stehen
und eitel aufgeblasen auf andere herab zu sehen
gar noch mit einem nervig-kindlichen Angeber-Gegacker

gesteigert durch ein „über-andere" Gemecker
damit es den Betreffenden gesellschaftlich als „irgendwo oben" definiert
und man auf andere herabblickt – was die eigene Erhabenheit verziert
- doch du bleibst ruhig: Denn was eine so törichte wie billige Illusion ist
will nicht gestört sein: Hühner leben nun mal in ihrem Hühnerhof-Mist
und darum entschließt du dich, über solch „Gegacker" mit Güte zu schweigen
und reife und wahrhaftige Einsicht mit einem Lächeln zu zeigen
wobei es oft reichen muss, derart herum hüpfende Hühnchen nicht zu stören
- und wer will schon freiwillig zu solch einem Hühnerhof gehören?

König/in

„Wir können spielen was wir wollen:
       Ich gewinne immer
mögen die andern auch reden über ein anderes Sein und Sollen
       dass macht es für mich nur schöner, nicht schlimmer
denn ich bin die / der König/in aus meiner eigenen Sicht
       da können die anderen nicht mithalten
und sehe vor allem mich im strahlenden Licht
       um königlich über anderen zu walten
und sollte mir mal einer realistisch was anderes erzählen
       dass ich also keineswegs ganz besonders herrlich bin
dann werde ich mir eben andere Personen erwählen
       ohne Zweifel an meinem erhabenen Sinn"
       - so sprach Sie oder Er zu sich in Gedanken
und wurde Politiker, Manager oder etwas anderes voll Geltungssucht
       und andere sollen sich dafür auch noch bedanken
ward bei ihr / ihm die Liebe und Einfühlsamkeit auch weitgehend verpufft.

Gehirngebrauch

Träge und schmerzlich schwappt das Hirn
heute mal wieder wie eine matschige Birn'
nicht abzuschalten und nicht auszutauschen
stets mit gedankenschwerem Hintergrundrauschen
denn selbst beim Lachen grummelt es noch manches „aber"
so scharf wie ein Messer und gründlich wie ein Schaber
suchend welche Geschichte hinter einem Glück wohl steht
weil der Gedankenstrom sich niemals still und restlos zufrieden bewegt
und leistet sich das Hirn mal einen Schlaf mit etwas Ruhe
so ist das nur wie eine kurz zugeschlagene Truhe
- was jedoch scheinbar nicht für alle Zeitgenossen gilt

weil bei manchen statt einem Hirn wohl nur ein Schwamm anschwillt
so wie sie sich geben: An Gier und Gleichgültigkeit vollgesaugt
dass es an Überheblichkeit und Egoismus für ein Vieh schon taugt
auch wenn sie mit erhabenen Köpfen auf andere herabsehen
- nicht alle haben ein Hirn um zu Verstehen.

Belehrung
Die Neigung andere zu belehren
ist wohl niemals ganz wegzukehren
besonders sich hochgestellt Fühlende (manche Lehrer, Ärzte, Politiker usw.) sehen sich verpflichtet
weil es so nett ist, wenn man herabschauend über andere richtet
und so glaubt, dass man immer etwas besser weiß
denn man habe ja die besondere Einsicht und ebenso Fleiß
um sich mit Ratschlägen abzuheben
und so angenehm über anderen zu schweben
auf einem Wölkchen aus vorlautem Gerede oder Unwissenheit
- und manche(r) schwebt da für eine erstaunlich lange Zeit
was sich allerdings nur aus der Geduld der anderen ergibt
oder weil die oder der Schwebende vor Eitelkeit nichts sieht.

Eine „Dame"
Auf Erden hienieden
war ihr kein rechter Frieden beschieden
denn die Welt war fehlerhaft und sie wusste alles besser
und ihr Verstand erschien ihr so scharf wie ein Messer
besonders, wenn sie über die Schwächen anderer maulte
weil sie das Versagen anderer in vielen Variationen wieder-kaute
mit dem Effekt und Ziel, sich selbst als etwas Besseres zu betrachten
damit auch die anderen ihre erhobene Position beachten
was allerdings für andere ein beständiges Ärgernis war
denn ihre Selbsterhöhung war so arrogant wie penetrant und klar
voller Anmaßung, sie sei der Welt Gipfel, Vorbild und Messlatte
womit nur ihre Meinung als die Richtige zu gelten hatte
- einer solchen Sie oder einen solchen Er begegnest du selten?
Dann müssen viele gütige und weise Menschen um dich walten.

Weisheit und Geschicklichkeit
Es ist der sanften Weisheit Tücke:

Die Groben reißen die Weisheit gerne in Stücke
denn sie trampeln auf dem sanften Mitgefühl herum:
Ihre Seelen sind zwar raffiniert und geschickt, aber menschlich dumm.

Unzulängliche Evolution
Was die Evolution so alles an Mängeln und Schwächen durchlässt
gibt den Nerven und der Liebe des Öfteren den Rest:
Da gibt es die übelsten Krankheiten im Überfluss
Täuschung und Betrug bis zum übelsten Verdruss
und da werden Egoismen und Kränkungen leichthin zelebriert
dass jede empfindsame Seele flieht und friert
und da ist ein Neid auf den Frieden und die Liebe anderer Seelen
Versuche, anderen diesen Frieden zur eigenen „Erhöhung" zu stehlen
wofür man andere schlecht redet und runter tritt, um sich selbst zu erhöhen
um nicht die Beschränktheit und Begrenztheit in sich selbst zu sehen
und da wird ausgebeutet, ausgequetscht, benutzt und übervorteilt
verschwiegen, vertuscht und von einer Ausrede zur nächsten geeilt
um als so heraus geputze/r „König/in" andere zu Dienern zu machen und herabzublicken
- die Evolution ist keineswegs nur zum Entzücken.

„Realisten"
Manche/r die/der sich für besonders „realistisch" hält
pflegt damit nur einen Egoismus, der ihr/ihm besonders gefällt
und „verkauft" als Rezept: Jede/r habe gleiche Chancen Erfolg zu erringen
denn wir alle würden doch die Menschen kennen
und es sei doch so, dass jede/r die gleichen Chancen habe
jede/r ein gleich hohes Erbe und gleichermaßen leistungsfähige Gabe
womit es nur die Sache jeder /jeden Einzelnen wäre
wie Sie oder Er sich seinen seelischen und materiellen Reichtum präge
- mit so viel Unsinn ziehen Generationen „realistischer" Herrscher und andere
Selbstherrliche über Schwächere her
pflegen egoistisch listig ihre Dummheit, nennen sich oft auch noch Christen – und sind doch
im Herzen leer.

So oder so kann man es machen
Wenn ich dich so sehe
verstehe ich der Zeit Wege
mit ihren Furchen, Schmerzen und der mühsam errungenen Freude und Haltung
und wie viel Liebe, Mut und Kraft es braucht für eine freundliche Lebensgestaltung

die täglich neu erarbeitet sein will
einfühlsam, liebevoll, ausdauernd und still
damit es ein Geschenk bleibt ohne vorlautes Geschrei
- doch so manche/r ist zu schwach, zu egoistisch und ist darum nicht dabei
und rettet sich über den Tag mit eitlem Quaken, Protzen oder Rechthaberei
damit sie/er als „prächtig" im Leben von anderen - und vielleicht auch sich - angesehen sei.

Gläubig

Wenn man richtig glaubt
dann glaubt man auch: Gott sei gut und allgegenwärtig
und wenn dich das Schicksal mal wieder runter oder um haut
dann sage dementsprechend: Auch dafür ist er zuständig
  und wenn dir jemand Recht, Würde, Freiheit und Gesundheit klaut
  dann akzeptiere: Dieser Gott lässt dich sehend leiden
  denn wirst du deiner Achtung beraubt oder wird dein Leben anderweitig versaut
  dann ist er dennoch dabei und möchte dich doch meiden
- womit er leider nicht mehr für das Ideal der Liebe und Weisheit taugt
es sei denn, dieser Gott ist weder allmächtig noch allgegenwärtig oder gütig
sondern einer, der sein Reich auf stummer Gleichgültigkeit nach eigener Lust, List und Laune aufbaut
womit ihm das Wichtigste fehlt: Liebe und Einfühlsamkeit – erhofft man ihn auch freundlich und großmütig
  womit es viel menschliches Leid braucht, wenn so viele vom ihm noch erzählen
  denn das idealisierte Bild ist so träumerisch mächtig wie real schmächtig
  und taugt nur um sich bei viel Schmerzen ein etwas besseres Leben zu geben:
  Viele Menschen sind ebenso verletzlich und zerbrechlich.

Nicht mehr schweigen

Erfüllt von Höhen und Abgründen sind die Geschichten
von denen verschiedene Autoren in der Bibel berichten
denn sobald man z.B. die Weihnachtsgeschichte genauer belichtet
wird da von einem bescheidenen Start in ein wundersames Lebenswerk berichtet
erfährt man zunächst auch nur, wie Maria ihrem Josef das Leben spannend machte
indem sie ihm erzählte, dass Gott ein Kind zu ihr brachte
was für den Josef sicherlich eine faustdicke Überraschung war
stellt dies doch eine ungewöhnliche Entwicklung dar
und doch wird nicht berichtet, ob den Josef eine Vaterschaftsfrage quälte
und was man der Verwandtschaft oder den Nachbarn von der Zeugung erzählte
und auch über den Alltag von Josef und Marias wird kaum gesprochen
scheinbar verliefen die ersten Jahre so unauffällig wie ungebrochen

bis die Vorträge und Handlungen des jungen Mannes begannen
um die Menschen für eine mehr Würde und Vergebung zu gewinnen
- auf die nach diesen Höhen der Menschlichkeit der Abgrund seiner Verurteilung folgte
weil der junge Mann den Herrschenden nicht den geforderten untertänigen Gehorsam zollte
was herrschende Geld- und Gesetz-Mächtige von jeher für sich als unangemessen empfanden
weshalb sie Jesus gefangen nahmen, verurteilten, kreuzigten und auch seine Jünger banden
umso den tiefsten Abgrund aus Egoismus, Eitelkeit und Grausamkeit zu zeigen
- doch die Botschaft der Vergebung und Liebe brachten sie nicht mehr zum Schweigen.

Freie und soziale Marktwirtschaft

Der Markt belohnt die Mächtigen und straft die Schwachen
denn was können letztere ohne Vermögen und besondere Begabung gegen die Macht des Geldes machen?
Wie will der Schwächere ohne Erbe am Markt für sich viel gewinnen
wo die Geld-Mächtigen mit ihren Lakaien auf Machterhalt und Abgrenzung sinnen
indem sie Heerscharen von begabten Dienern benutzen und sich unbemerkt absprechen
um noch nicht gekaufte Aufstreber – leider ohne Erbschaft – erfolgreich auszustechen
geschmückt mit Geschichten über die Wenigen, die dennoch durch Arbeit aufsteigen
damit alle anderen Wirtschaftserben durch eine „soziale" Marktwirtschaft geschützt bleiben?
Denn an die Gerechtigkeit durch Marktwirtschaft zu glauben ist bisweilen eine dümmliche Fiktion
der soziale Ausgleich durch einige Sozialtransfers und Steuer schmälert nur den Hohn
angesichts von zunehmenden absoluten Einkommens- und Vermögensunterschieden
möglichst verborgen gehalten vor der Öffentlichkeit für einen schläfrigen Frieden
denn sollen doch die Bürger wie Besoffene an die Gleichheit der Chancen glauben:
Die Erbschafts-Mächtigen behalten die Mittel, den Schwächeren genug Freiheit und Achtung zu rauben
zumal Lohnforderungen immer zu hoch sind: Kapitaleinkommen dürfen nicht belastet sein
denn das Kapital könnte ins Ausland flüchten – so funktioniert die Erpressung so direkt wie gemein
womit auch in der „freien sozialen" Marktwirtschaft den Reichen immer mehr Bereicherung gelingt
während der Schwächere treu und ausweglos das Lied von seinem kleinen Glück besingt
und wer ohne Erbschaft doch nicht gehorcht, den biegen sie dann durch Arbeitslosigkeit krumm
denn ohne eine befreiende Grundsicherung macht das jeden „Aufmüpfigen" fügsam und stumm
zudem müssen dank der Sozialversicherung besonders die Einkommensschwächeren die Beiträge tragen
womit diese dann die noch Schwächeren zum Ziel für mehr Arbeitsdruck haben

was die Reichen vor Verpflichtungen und Geld- wie Machtverlust schützt
weil ein hoher Druck innerhalb unterer Gruppen ihren Kapitaleinkommen nützt
- und wer dann noch sagt, die Vermögens- und Einkommensungleichheit sei Unrecht
dem geht es dann dank dienender Politiker und anderer Lakaien schlecht
denn solche Idealisten wären „Neider" oder hätten die „harte" Realität noch nicht
verstanden:
Mögen die Ideale von gleicher Achtung und Freiheit doch versanden.

Nach einem Erwerbsleben im Ministerium

Ein Mensch bemerkt ohne Gram
nach eines langen Arbeitslebens Last, Freude, Eitelkeit und Wahn
dass es nun doch besser sei
man ist in Zukunft von solchen Belastungen frei
denn oft genug hat er Sätze und Sinn verdreht, gedehnt und gewendet
mühsam gerechtfertigt und lustlos beendet
im Auftrag Mächtiger vertuscht oder geblendet
eine Blamage irgendwie geschönt oder mühsam abgewendet
ist den platten Stereotypen eines Politikers gehorsam gefolgt
der seiner Wiederwahl, aber nicht dem Bürger Achtung zollt
und auftrat als sei man eine den Bürger hochachtende Frau oder Mann
obwohl so manche/r nur das Schauspielern und Täuschen am besten kann
- also geht jetzt der Mensch und ist für etwas Besseres bereit:
Er vergeudet nicht mehr gegen das notwendige Geld seine Zeit
- zu heftig sei diese Schilderung und zu einfach die Sicht?
Manchmal leider nicht.

Mal anders

Welche Versprechen haben dich so geblendet
dass du einwilligt hast, dass man dich so verwendet?
Wie einen Untertan oder eine Maschine die man benutzt!
Denn wenn du nicht gewinnmaximal bist wirst du ersetzt oder gestutzt
gefühllos vor die Tür gestellt und dann vergessen
und wenn du dich beschwerst giltst du als vermessen
denn die Marktwirtschaft wendet sich zwar auch an die Schwachen
solange sie nicht „zu viel" verlangen – denn ohne „Benutzbare" vergeht so manchem
„Höheren" das Lachen
- welches Versprechen hat dich also so geblendet
dass du glauben wolltest das ein Reicher dich mal nicht nur verwendet?

Schwierige Sache

Mit dem Glauben ist es eine schwierige Sache

denn wie kann man annehmen, das Glauben eine ewige Welt erschaffe?

Auch mit der Liebe ist es eine komplexe Sache

denn wie oft geschieht es, dass sie das Gegenteil entfache?

Ebenso ist die Arbeit oft eine achtlose Sache

denn wer sein Bestes gibt vermeidet nicht, dass ein anderer ihn dafür geringachte.

Und mit der Würde ist es oft eine wackelige Sache

denn Eitelkeit und Arroganz sorgen dafür, dass irgendeine/r dich geringachtet, dass es Sie/Ihn größer mache.

Corona und ein kurzer Blick in die Spieltheorie

Wenn der Mensch nur wüsste

wie es wäre, wenn er z.B. ohne Masken, Abstand und freie Krankenhaus-Kapazitäten leben müsste:

Wie rasch wäre er schwer krank oder tot alsdann?

Was er aber aufgrund der unbekannten Situation nicht beantworten kann!

Und da die Situation bei Spielverlust keinen Neustart kennt

sagt die Spieltheorie recht einfach: Es ist besser man rennt

nicht ohne Vorsicht in ein derart unbekanntes Spiel hinein

denn ein „game-over" im Grabe oder mit anhaltend mieser Gesundheit kann recht unangenehm sein

zumal wenn das Spiel einseitig die Risiken z.B. Älteren und Vor-Erkrankten zu teilt

womit mancher glaubt, es sei nett, wenn man rücksichtslos über diese Schwächeren hinweg steigt.

Herunter geschluckte Revolution

Nur zu gern würde ich alle Niedertracht in einen Abgrund schleudern

um so gegen die Hartherzigkeit und Gleichgültigkeit der Welt zu meutern

doch auf Erden sind Macht und Begabungen nun mal so verteilt

dass uns täglich irgendeine Missachtung und Unzulänglichkeit ereilt

also gehe ich scheinbar ruhig über vieles hinweg

und frage gelassen nicht überall nach einer Würde und einem Zweck

und meutere meist auch nur leise und im Sinn

der Revolutionär bleibt tief verborgen in mir drin

vermutlich bis mein Boot still irgendwo anlegt oder versinkt

womit es auch allen Zu- wie Widerspruch verschlingt.

Bald

Sehr weit bist du nicht umgezogen
ein paar Kilometer nur - nun liegst du im Boden
bist du auch Jahrzehnte gerannt und hast gestrampelt
dich meist gefügt, geduldet und selten getrampelt
hast Liebe geschenkt und Verständnis gesucht
freundlich gelächelt und selten geflucht
warst bescheiden und selten vermessen
doch nun bist du umgezogen - und alsbald vergessen
aber das ist dir nun auch egal
denn du hattest zuletzt keine Wahl
und darum ruhst du nun an einem erdigen Fleck
vermutlich ohne Freuden, Bitterkeit und Schreck
und auch ich werde bald zu dir ziehen
darum jetzt nur ein kurzes Adieu: Ich will dich bald wiedersehen.

Kanalisation

Manchem/r wäre es recht:
Der Mensch sei hauptsächlich eine Sache fürs Geschäft
wie ein Gegenstand, den man benutzt und danach bei Seite schiebt
wenn er nicht mehr genug Profit abgibt oder zu lange „auf Lager" liegt
oder wenn er zu wenig leistungsfähig oder alt gar mehr kostet als er einbringt
womit eines Reicheren Vermögen schwankt, weniger steigt oder gar mal sinkt
- also sei der Mensch wie ein Rad im Markt-Getriebe von Macht und Ertrag
denn jeder könne ganz weit oben leben, wenn er reich sein mag
und nur wer sich bereitwillig seiner Benutzung nicht verweigert
tauge, dass man ihn am Markt zu einem beachtlichen Preis ver- und ersteigert
von dem der Betreffende zwar oft einen nur kleinen Anteil erhält
auch wenn ihm oder ihr das zumeist nicht so gut gefällt
während ein/e andere/r egoistisch nach riesigem Reichtum greift
wohl wissend, dass dies oft die Achtung Schwächerer bis zu den Grundmauern schleift
- doch wer sich beschwert und sich nicht beugt
hat das alsbald materiell und seelisch bereut
denn wie ein Gott zu achten seien die Marktmacht und Vererbung mit all ihren
Rücksichtlosigkeiten
also sollte „man" so eine „tolle" Ordnung auch nicht bestreiten
- damit die Würde der Schwächeren weiterhin den Weg allen Regens geht:
Das er fällt und sich dann im Boden oder einer Kanalisation verzieht.

Sonne

Du läufst weg?
Suchst ein Versteck?
Weg von all den politischen und menschlichen Täuschungen und dem Dreck?
Denn da folge zu vieles keinem liebenden Zweck?
Diene nur der Ablenkung, Irreführung und Betäubung?
Einem Unten- und Stille-halten statt Achtung und Befreiung
um dich gebeugt, schweigsam und treu in Arbeit zu halten?
Damit du und deinesgleichen nicht erhaben walten?
Und du kannst die Masken ihnen nicht runterreißen?
Weil dich sonst ihre Lakaien und Anwälte blutig beißen?
Gewiss, du hast recht, dass dies immer wieder geschieht
doch laufe nicht weg – weil man sonst gar keine Sonne mehr sieht.

Das höchste Gericht

Manchmal willst du Einspruch erheben
beim höchsten Gericht: Gegen dieses Leben
doch zugleich weißt du: Das gibt es nicht
denn der Zufall und das launige Schicksal sind das höchste Gericht
und das fällt seine Urteile schon vor der Geburt ohne uns anzuhören
versperrt oft die schönsten Lebenswege und lässt sich weder stören noch betören
mit keiner Beteuerung, keinem Mitgefühl und keiner Unschuld
es sieht es oft weg und waltet launisch und kaltherzig ohne Geduld
und zerbricht selbst kleine Hoffnungen und zermahlt den Rest zur Illusion
womit uns als Trost oft nur Rückzug bleibt mit Verzicht und duldsamer Fron
weshalb es sich empfiehlt, sich selbst anzulächeln und zu retten
und sich mit Träumen und Selbstzuspruch irgendwie weich zu betten
denn dies launische höchste Gericht hält Augen und Ohren abgewandt
und empfängt keinen Fürsprecher, den man zu ihm sandt'
hier jemanden hochhebend oder dort tief runter zu drücken
da die einen zu verhöhnen und dort andere zu entzücken
Gleichgültigkeit ins Gesicht zu spucken ohne die Anklage zu verlesen
den Reichen den Genuss zuzusprechen und den anderen die Spesen
denn die volle Gunst des Gerichtes ist meist nur für die Reichen zu erlangen
magst du auch noch so strampeln, keuchen, dich krümmen und hoffen und bangen
denn viele bleiben weit unten zappeln gefangen in einem Netz
und fügen sich irgendwie mit ihrer suchenden Liebe unter einem herzlosen Gesetz
bis mit dem letzten Atem ihre vor dem Gericht nie recht geachtete Reise endet
und man den Blick erst resignierend in sich und dann ganz abwendet.